本书获得河北省社会科学基金"冀北民族地区公共文化服务均等化研究"（编号：HB21MZ005）的资助

经济管理学术文库·管理类

公众参与下公共项目
多准则群决策研究

Multi-criteria Group Decision-making of
Public Project under the Background of Public-participation

尤欣赏　赵　烁　王亚坤　汪勇杰／著

经济管理出版社
ECONOMY & MANAGEMENT PUBLISHING HOUSE

图书在版编目（CIP）数据

公众参与下公共项目多准则群决策研究 / 尤欣赏等著. —北京：经济管理出版社，
2023.6
ISBN 978-7-5096-9100-7

Ⅰ.①公… Ⅱ.①尤… Ⅲ.①公共管理—项目管理—研究 Ⅳ.①F062.4

中国国家版本馆 CIP 数据核字（2023）第 110547 号

组稿编辑：杨　雪
责任编辑：杨　雪
助理编辑：付姝怡
责任印制：许　艳
责任校对：蔡晓臻

出版发行：经济管理出版社
　　　　　（北京市海淀区北蜂窝 8 号中雅大厦 A 座 11 层　100038）
网　　址：www. E-mp. com. cn
电　　话：(010) 51915602
印　　刷：北京晨旭印刷厂
经　　销：新华书店
开　　本：710mm×1000mm /16
印　　张：11.75
字　　数：218 千字
版　　次：2023 年 8 月第 1 版　　2023 年 8 月第 1 次印刷
书　　号：ISBN 978-7-5096-9100-7
定　　价：68.00 元

序

公共项目的投资建设一直都是我国财政支出的重要部分。随着政府转型过程中服务型政府的建设，我国政府对公共项目的供给也从最初的全部包办转为现在的"掌舵式治理"。当前，围绕党的二十大报告提出的"建设人人有责、人人尽责、人人享有的社会治理共同体"的要求，政府部门致力于提升公众参与公共项目相关工作的治理和解决能力，营造共建共治共享的社会治理格局。公共项目投资建设决策结果的科学合理性，对政府财政部门绩效的提升、社会资源有效利用和公众满意程度的提升，都有着十分重要的意义。

在公共项目的投资建设中，为了保障投资建设项目的满意度，建设更多的、更好满足公众需求的公共项目，我国政府对"公众参与"问题的重视程度与日俱增。2014 年党的十八届四中全会强调将"公众参与"规定为政府重大行政决策的法定程序之一。党的十九大报告强调我国"政府负责、社会协同、公众参与、法治保障"的社会治理体制，党的二十大相关工作首次面向全党全社会公开征求意见，充分体现了发扬民主、集思广益的优良作风，鼓励公众在教育、就业、医疗和社会保障等方面积极献言献策。从中央到地方政府近年来颁布实施的各项法律法规和政策，都说明了公众参与政策制定具有一定的合理性和合法性。公众参与公共项目决策过程显然是意义重大的，当前大量的研究已经说明引入公众参与的必要性，但缺乏科学、系统的公众参与决策方法体系，目前关于公众参与公共项目相关问题的研究大多停留于参与制度建设等理论研究领域，因此对公众参与公共项目决策过程工具存在较强的研究必要性；深入学习贯彻党的二十大精神，将党的二十大报告与公共管理相关学科相结合，对如何在公众参与公共项目决策的前提下，科学处理公众给出的决策结果，从而在客观反映公众意愿的同时得到科学的决策结果是一个重要的待解决问题，本书将对这一问题做出回答。

本书根据相似度对参与公共项目决策的公众个体进行分类，利用区间直觉模糊数（IVIFN）描述专家群体的决策结果，在对现有的公众参与过程做出实证研究之后，构建了基于模糊集理论和偏好关系的方案决策理论框架体系，为推动公共项目建设前期的科学决策提供了可靠的指引。本书在拓展模糊集理论和偏好关系方法体系研究领域的同时，也拓展了研究公共参与所涉及的方法理论，为政府提供了一个能甄选出公众视角下公共项目最优方案的决策工具。

本书一共包括8章内容：第1章为绪论，该章主要介绍公众参与公共项目决策的相关内容、所做研究对公共项目建设的理论体系及实践意义、主要依靠的研究方法、技术路线等。第2章为研究基础，该章介绍了公共项目、公众参与、偏好关系以及公众参与公共项目决策过程等概念，介绍了研究涉及的重要理论，包括利益相关者理论、参与阶梯理论、模糊集理论、多准则决策理论，对公众参与公共项目的相关研究文献、基于模糊集理论的研究文献、基于偏好关系及大群体决策的研究文献进行了归纳和总结。第3章为公众参与公共项目决策的实证分析，说明在公共项目的建设问题上，公众参与是公众和政府双方共同的需求。该章通过案例分析的方式，面向公众主体和政府主体调研其对公众参与公共项目决策的态度，以及参与的积极性。第4章将公众引入公共项目的决策过程，并以直觉模糊集的相关理论研究为基础，提出一套多准则决策方法，对参与决策的公众所给出的评价数据做信息的集成和分析，以期得到科学合理的评价结果。第5章研究了公共项目的专家群体决策，该章以区间直觉模糊理论为基础，解决评价标准权重未知的公共项目专家群体决策问题。第6章构造了评价标准体系和初步筛选决策模型，利用多准则决策方法中的ELECTRE Ⅲ法，探究决策者和评价标准权重未知的公共项目建设问题。在对公共项目做初步筛选基础上，结合第4章对公众大群体决策问题的研究和第5章对专家群体决策的研究，综合得到有效处理公共项目建设前期决策问题的方法体系。第7章在前面的基础上，考虑决策主体之间的社会网络关系，在进行初步聚类的基础上，再对决策信息进行分析和处理，以得到更为贴合实际需求的评价结果。第8章通过总结已有研究，对本书的研究重点进行了总结，并对未来的研究方向给出了系统性梳理。

本书的特点主要体现在以下四个方面：一是针对公共项目的决策问题，通过引入公众参与，以期促进决策结果的合理性，提高公共项目的管理效率。二是针对公众参与公共项目的大群体决策问题，提出利用简化的直觉模糊数描述公众群体的决策结果。三是引入计算实验方法解决参与决策的公众群体聚类问题，将每一个参与决策的公众视为一个行为主体，以其决策结果之间的相似度为基础，构造聚类模型，考察不同的相似度阈值下的聚类数目、聚类的平均一致性和标准一致性，并据此分析多次演化后的聚类结果，以确定聚类的数目和具体的分类情况。四是引入基于区间直觉模糊数的多准则决策优化方法，处理公共项目的专家群体决策问题。

本书的主要创新内容如下：

第一，通过收集并整理公众参与的相关案例可知，公众对参与公共项目决策的意愿较为强烈，且政府对此也相当支持。由于参与公共项目决策的公众群体数量较大，为了对公众群体的决策结果做出科学处理，考虑个体之间的相似度，然后引入大群体的聚类思想，从而可以对参与决策的公众代表进行分类，为接下来的决策过程做数据的分类整理。

第二，针对公众参与公共项目的大群体决策问题，提出利用简化直觉模糊数打分法描述公众群体决策结果。该方法简单易懂，可以同时考虑公众群体对待决策问题的满意程度和不满意程度，并且可以快速地完全转化为严格的直觉模糊数。基于直觉模糊数提出测量不同直觉模糊数的距离公式，并据此构造公众参与下的权重未知的公共项目评价标准多准则决策模型。

第三，引入计算实验方法解决参与决策的公众群体聚类问题。将每一位公众视为独立行为主体，以其决策结果之间的相似度为基础，构造聚类模型。考察不同的相似度阈值下的聚类数目、聚类的平均一致性和标准一致性。分析多次演化后的聚类结果，以确定公众聚类的数目和具体的分类情况。

第四，本书引入最贴近决策者心理的区间直觉模糊数，描述专家群体对公共项目的决策结果，提出考虑基于决策结果模糊信息的测量和不同区间直觉模糊数之间距离的公式，并进一步据此构造带均衡系数的评价准则权重未知的决策模型。通过计算备选方案与正理想方案、负理想方案之间的综合距离对备注方案进行最终排序。

目 录

1 绪 论

1.1 研究背景与问题的提出

1.1.1 研究背景

1.1.1.1 公众参与制度的建设与发展

2004 年，国务院正式颁布了《全面推进依法行政实施纲要》（以下简称《实施纲要》），强调"科学、合理界定各级政府、政府各部门的行政决策权，完善政府内部决策规则，建立健全公众参与、专家论证和政府决定相结合的行政决策机制""涉及全国或者地区经济社会发展的重大决策事项以及专业性较强的决策事项，应当事先组织专家进行必要性和可行性论证。社会涉及面广、与人民群众利益密切相关的决策事项，应当向社会公布，或者通过举行座谈会、听证会、论证会等形式广泛听取意见。重大行政决策在决策过程中要进行合法性论证"。《实施纲要》从法律制度建设的角度指出我国政府对于关乎群众利益的相关事宜，政府在进行规划的前期就应该将公众的意见与倾向考虑在内，这样虽然在一定程度上会承担更多的人力成本、物力成本及时间成本，但是对公众参与机制的完善、政府公信度的提高、具体项目的全生命周期管理等，都有着事半功倍的效果。因此，《实施纲要》的提出，为接下来出台的一系列法规政策都起到了一定的引导作用。

2005 年，继《实施纲要》提出之后，国务院颁布了《中国的民主政治建设》白皮书，明确我国要建设服务型政府的决心，以及相应的实施细则；再次强调了公众需求和民众意见的重要性，并强调应不断完善我国的相关政策。该文件从民主政治建设的角度，规定了我国在建设服务型政府的时候，不只是要重视公众的诉求，还应该尽量对其作出回应，以提高在各领域实际工作中公众对公共决策的参与程度与热情，这在某种程度上贯彻了我国"以人为本"的战略。

2008 年，国务院制定了关于行政决策的法规，颁布了《关于加强市县政府依法行政的决定》。该文件规定，政府作出重大决策之前应广泛听取民众的意见，保证公众参与。在同年 5 月，我国以行政法规的形式明确了政府信息应向社会公开的要求，正式施行《中华人民共和国政府信息公开条例》，对政府的行政公开和公众参与进行了相关行政改革。该行政法规的实施体现了我国构建服务型政府的决心和行动。

2010 年，《国务院关于加强法治政府建设的意见》再次提出把公众参与作为重大行政决策的必经程序，提出"作出重大决策前，要广泛听取、充分吸收各方面意见，意见采纳情况及其理由要以适当形式反馈或者公布"。2013 年 9 月，《国务院办公厅关于政府向社会力量购买服务的指导意见》明确指出增强公众参与意识。2014 年 10 月，党的十八届四中全会通过的《中共中央关于全面推进依法治国若干重大问题的决定》指明"健全依法决策机制"，并把"公众参与、专家论证、风险评估、合法性审查、集体讨论决定"正式确定为重大行政决策的五大法定程序。2015 年 4 月，国家发展改革委发布了《基础设施和公用事业特许经营管理办法》，明确指出在公共项目的建设决策过程中，应当重视公众意见。同时，随着从中央到地方各级政府对重大行政决策问题的重视，各级地方政府积极响应并制定了相关的程序规定，充分说明我国政府对公共参与问题的重视度与日俱增。

2013 年 11 月，随着党的十八届三中全会提出将推进国家治理体系和治理能力现代化作为全面深化改革的总目标，公众参与制度建设的步伐进一步加快，正式建立健全了重大决策社会稳定风险评估机制。党的十八届四中全会通过的《中共中央关于全面推进依法治国若干重大问题的决定》首次提出健全依法决策机制，把公众参与、专家论证、风险评估、合法性审查、集体讨论决定确定为重大行政决策法定程序，确保决策制度科学，程序正当，过程公开，责任明确。

特别是在环境保护方面，2003 年我国实施的《中华人民共和国环境影响评价法》明确规定了公众参与制度，之后又陆续出台了《中华人民共和国环境保护法》《环境影响评价公众参与办法》《重大行政决策程序暂行条例》等，不仅建立了重大决策和重大项目的社会稳定风险评估制度，同时也对环境信息公开和公众参与环境保护做了法律规定。"十四五"规划中也提出加大环保信息公开力度，加强企业环境治理责任制度建设，完善公众监督和举报反馈机制，引导社会组织和公众共同参与环境治理。

1.1.1.2 服务型政府的建设

自改革开放以后，我国经济社会各领域体制改革逐渐开展，公共服务体系也逐步开启改革之旅。从中央到地方的各级政府从最初的"全能型"向"服务型"有序转变。党的十七大正式提出将我国政府建设成服务型政府的愿景。党的十八大报告上再次明确提出建设服务型政府。服务型政府建设的关键要求便是保证人民的满意度。在保证党的领导的前提下，公共项目前期相关规范和决策的制定、建设后期管理等都可以引入公众参与，以期提高公众的满意度。

我国服务型政府的建设基于具体的中国国情，以政府引导为主，逐步地对政府的职能和权利进行改革，在一定程度上亦可以理解为是"掌舵""划桨"分开。我国的政府是以为人民服务为宗旨的政府，因此在政府转型时期，继续强调公众参与，不只是有利于建立和完善公众参与制度，更有助于所建项目或者政策等的有效实施。

自 20 世纪 80 年代以来，在"新公共管理"运动背景下，西方国家首先提出"服务型政府"的理念，率先走上了改变政府职能之路。2004 年 2 月 21 日，我国正式提出"建设服务型政府"主张，并在第十届全国人大三次会议《政府工作报告》中，明确阐述了服务型政府的内涵："创新政府管理方式，寓管理于服务之中，更好地为基层、企业和社会公众服务"。党的十六届六中全会强调，建设服务型政府，强化社会管理和公共服务职能。服务型政府是指遵循社会公正和民主，按公共参与和共同治理的法定机制和程序而组建起来的，为公民提供满意服务并承担相应责任的政府，按照转变职能、权责一致、强化服务、改进管理、提高效能的原则，深化行政管理体制改革，优化机构设置，更加注重履行社会管理职能和公共服务职能。随着建设服务型政府，推进社区建设，健全社会组织，统筹协调各方面利益关系等措施的实施，必定会营造出国家长治久安、社会和谐稳定、人民安居乐业的局面。

1.1.2 研究问题的提出

公共项目与其他项目相比有以下特点：所需金额较大，在短期内难以建设完成，受益群体广泛。因此其建设的科学合理性不论是对政府财政部门、社会资源，还是对公众的满意度，都有着十分重要的意义。随着政府转型过程中服务型政府的建设，我国政府对于公共项目的供给也从最初的全部包办转为现在的"掌舵式治理"。由利益相关者理论可知，公众作为公共项目的直接利益相关者，让其参与公共项目的决策过程，对我国公共项目建设，甚至是公共服务事业都有着积极意义。从中央到地方政府近年来颁布实施的各项法律法规和政策，都说明了公众参与政策制定具有一定的合理性和合法性。

有关公众参与在公共项目中的应用与研究仍然不足，且缺乏一套科学系统的公众参与决策方法体系作为公众参与公共项目决策过程的工具。尽管大量的研究已经说明引入公众参与的必要性，但是考虑到公众群体数量庞大，遇到公共项目决策就面向所有公众做实证调研显然是不可能的，并且如何有效处理参与决策的公众给出的评价数据，以得到客观的、科学的评价结果也存在相当大的难度。政府如何在进行项目决策时了解公众是否愿意参与决策，并且在公众参与之后，如何在广泛的意见或者建议中选取最优的观点，结合专家决策，最终得到科学的决策结果，是本书的研究重点。

1.2 研究的理论意义及实践意义

1.2.1 研究的理论意义

公众参与是打破固有行政模式，提高公共项目服务绩效的重要手段，也是提高社会公众满意度、降低项目治理成本的有效方法。我国的公众参与在一定程度上仍处于起步阶段，近年来，越来越多的学者开始关注这一问题，然而大部分研究是关于政策制定和参与形式方面的探讨，具体的理论体系和方法体系层面的研究还有待完善。公共项目建设前期决策阶段的活动是项目建设中及建设后续一系列实践活动的基础，前期决策的科学性、合理性直接关系到公共项目最终的效能表现。

本书利用简化的直觉模糊数描述公众的决策数据，该描述工具具有表达公众心理满意度、不满意度，以及犹豫度的功能。在收集到公众决策结果之后，我们可将其转化为标准的直觉模糊数再做进一步处理。考虑到公众群体数量与内部差异性都较大，本书引入大群体的聚类分析思想，对经过处理之后的公众群体决策数据，构造相似度计算公式，根据相似度对参与决策的公众个体进行分类，其中相似度高于既定阈值时，就可以将其归为一个聚类。由于公众群体数量较大，且聚类的过程较为复杂，导致得到合理聚类结果的计算量巨大。为此，本书采用计算实验法，利用模拟软件，通过编程实现相似度的循环计算和一致性分析。专家具有更高的专业性和经验，本书以目前最为贴近决策专家心理的区间直觉模糊集相关理论为基础，利用区间直觉模糊数描述专家群体的决策结果，提出考虑包含其所有模糊信息的计算公式，以此构建考察评价标准区别度和决策结果准确度的优化模型，从而得到专家群体对公共项目的最终决策，以期得到更为科学客观的决策结果。

在对现有的公众参与过程做了实证研究之后，结合公众所参与的公共项目的特点和原则，本书构建了基于模糊集理论和偏好关系的方案决策理论框架体系，为推动公共项目建设前期的科学决策提供了可靠的理论依据。其中，为了处理公众群体数目较大的现实问题，本书构造了基于计算实验的大群体聚类模型，在分析多次演化后的聚类结果的同时，考虑聚类的平均一致性和标准一致性，将参与评价的公众群体中相似度较高的公众分为一类，以确定聚类的数目和分类情况。公众参与决策有助于其深入理解公共项目建设决策中的利益相关者相对于公共项目的重要性，他们作为公共项目最终的服务主体，也是具体公共项目运行相关实践活动的主体，直接关系着政府所建设的项目能否成功实施。本书在拓展模糊集理论和偏好关系方法体系的研究领域的同时，也拓展了研究公共参与所涉及的方法理论。

1.2.2　研究的实践意义

通过实证调研的统计数据可知，公众对参与公共设施建设决策整体持积极态度。在实践方面，不论是政府方面的行政实践，还是公民方面的参与实践，较之前相比都有了很大的提升。从党的十八大明确提出要改进政府提供公共服务的方式，到党的二十大召开准备工作中面向全党全社会就一些相关工作征求公众意见，公众参与为公共项目决策带来非常积极的影响。虽然我国政府在逐步转型并以建设服务型政府为目的，对公共项目的供给也从最初的全部包办转为现在的"掌舵式"治理，但是以政府为主导的投资建设主体为公众服务的决心一直没变。邀请公众参与公共项目的决策过程是政府服务公众的初心使然，符合政府与公众进行和谐的信息交流的需求，能够提高人们对于政府的信任度。笔者通过面向公众和以政府为主导的投资建设方开展实证调研，得到双方对公众参与的态度是以支持为主。

公众参与意识逐渐觉醒并表示出对公共项目的关注或者需求。在以往的学术研究中关于该方面实践性、应用性的文献仍然比较缺乏，因此本书基于我国公共项目管理中可能会出现的各种问题，提出将公众这一利益相关者群体引入公共项目的决策过程中，这对目前公共项目前期规划、中期建设乃至后期管理和运营都有一定的积极作用。引入公众参与，必然要面临公众群体数量大这一问题，因此本书采用大群体聚类分析的方法，这一举措可以有效解决公众群体数量较大，政府难以对其决策信息进行科学处理的现实问题。另外，公众群体内部的认知差异性较大，与专家在专业性上也存在差距，因此在聚类之后采用基于模糊集理论和偏好关系理论的综合评价法，针对公众和专家不同的专业情况，为其分别选择不同的决策结果描述工具，最终建立一个系统的、考虑公众参与的公共项目方案评价决策模型，甄选出公众视角下的最优方案。公共项目的规模一般都较大，在实际建设前还会面临多个评价标准和多个备选方案的优选问题，因此一般多准则决策方法的效用不明显，本书提出了一套可以对评价标准和备选方案进行快速评价和排序的方法，以实现对其进行初步筛选的目的。总的来说，本书为政府提供了一个具有实践意义的决策工具。

1.3 章节安排和研究方法

1.3.1 章节安排

本书一共分为 8 章，研究思路和主要内容如下：

第 1 章为全书的绪论部分。主要围绕公众参与公共项目决策相关内容、所做研究对于公共项目建设的理论意义和实践意义、主要依靠的研究方法、全书章节的具体安排并以技术路线图的形式对全书整体内容做了高度概括，介绍了本书在方法和理论上的主要创新之处。

第 2 章为全书的研究基础部分。首先给出公共项目、公众参与、偏好关系以及公众参与公共项目决策过程的概念。其次论述了本书涉及的几点重要理论，包括利益相关者理论、参与阶梯理论、模糊集理论、多准则决策理论，再次梳理了公众参与公共项目的相关研究文献，基于模糊集理论的研究相关文献、基于偏好关系及其应用方面的文献。最后对现有的研究成果进行了归纳和总结，为之后的模型构建提供概念和理论基础。

第 3 章基于对实际问题的挖掘，说明在公共项目的建设问题上，公众参与是公众和政府双方共同的需求。由于本书涉及的公共项目决策过程主要是指狭义上公共项目建设前期的决策，在此阶段引入公众参与，课题组以公众群体和以政府为主导的投资建设方为研究对象，收集公众参与公共项目决策的数据和典型案例，以图表的形式给出总结和分析。结果显示，目前公众对公共项目决策参与制度的了解还处于较低水平。公众群体覆盖范围较大，群体内部成员之间的差异性也较大，成员的生活教育背景不同，都会对其参与态度带来相应影响。以政府为主导的投资建设方同样考虑到公众群体的专业性，担心其会对决策结果的科学性带来影响，但调查的两个对象对公众参与的整体态度以积极为主。总体看来，在服务型政府建设和公众民主意识逐步觉醒的重要时期，将公众引入到公共项目的决策过程中，满足了公众群体对自身利益的维护需求，使政府更好地提供公共服务。

第 4 章将公众引入公共项目的决策过程，并以直觉模糊集的相关理论研究为基础，提出了一套多准则决策方法，对参与决策的公众所给出的评价数据做信息的集成和分析，以期得到科学合理的评价结果。公众群体内部的差异性和群体数量都较大，因此在面对和自身利益相关的现实问题时，公众难免因问题的复杂性和自身知识经验的局限性而犹豫，考虑到决策方案的数目是相对有限的，本章将包含满意程度（隶属度）、不满意程度（非隶属度）、不确定程度（犹豫度）的直觉模糊数作为评价结果的描述工具。为了处理公众群体数量较大的问题，本章引入了聚类分析的思想，即在直觉模糊数的基础上提出了新的评价信息差异度计算方法，并将其进一步应用于聚类的一致性和相似度的计算中，据此对参与决策的成员进行聚类。考虑评价结果和评价准则区别度两个方面，在构建优化模型和评价模型时对评价标准和备选方案做了加权。

第 5 章研究了公共项目的专家群体决策。专家较公众有更高的专业水平，对该类项目建设前期决策的考量也更加深入和全面。本章以区间直觉模糊理论为基础，解决评价标准权重未知的公共项目专家群体决策问题。其中，以区间直觉模糊数为工具，描述专家群体在考虑不同的评价标准时，对备选方案的评价结果；构造决策模型考察评价结果的犹豫度和评价标准的区别度，并通过求解带有调节系数的模型来获得评价标准权重；在得到评价标准的权重之后，引入 TOPSIS 法决策思想，构造更深入考虑决策结果所有犹豫信息的距离公式，利用该距离公式测量备选方案与正理想方案、负理想方案的综合距离从而得到备选方案的最终排序。

第 6 章首先给出了可以应对备选项数量较大问题的比较方法——BWM 比较思想，该比较思想可以有效降低比较的次数，将该思想进行研究数域上的拓展，引入直觉乘法偏好关系的领域；以拓展之后的 BWM 比较思想为工具对评价标准进行比较，通过考察其一致性程度计算评价标准的权重，构造了评价标准体系和初步筛选决策模型；接着利用多准则决策方法中的 ELECTRE Ⅲ 法，探究决策者和评价标准权重未知的公共项目建设问题。ELECTRE Ⅲ 法主要把各种备选方案按照某种标准进行排序，并对其满意度进行分析，以决定是否需要对最初决策矩阵中部分"最影响满意度"的元素进行修正；该步骤可有效地提高决策效率，使最终的排序结果具有较高的可靠性和合理性。在有了这一套解决公共项目建设前期决策初步筛选的问题的方法之后，可以对公共项目决策做初步筛选，然后结合第 4 章对公众群体决策问题的研究，以及第 5 章对专家群体决策问题的研究，综合得到可以有效处理公共项目建设前期决策问题的方法体系，并且本章为了考虑公众群体和专家群体权重对最终决策结果的影响，引入权重调节系数来增加方法的灵活性。第 6 章末以一个关于公共文化设施建设前期的决策问题为例，说明该体系在具体问题上的有效性。

第7章的背景是决策群体人数较多时，考虑现在信息交互的便利性，决策者之间的社会网络关系日趋复杂，且在一定程度上会对决策结果产生影响。因此，在进行决策之前，首先要测度决策者之间的信任关系，并以之为评估标准对其进行聚类，其中引入图论，将决策者假设为点，决策者之前的信任关系及其强度用线和权重表达，构建相应的算法模型，以得到适用于大群体决策的聚类算法。在聚类结果之上，根据每个小类，即子社团内部成员的评价信息的相似度，构建相应的测量公式，以对备选方案进行评价，之后综合考虑不同子社团的评价结果，定量地取得具有全局意义的优选方案。

第8章是结论与展望，分别阐述和总结了各部分所做的主要工作和研究内容，概括了本书的主要研究结论，逐点指出了研究存在的不足及今后需继续努力的方向。

1.3.2　研究方法

本书主要涉及的研究方法有以下五个：

（1）文献研究法。

本书主要关注公众参与下的公共文化设施建设决策问题，为了全面了解该类问题在学术领域的研究情况，通过查阅中国知网、百度学术和学校图书馆提供的学术文章和书籍，以及各类年鉴统计的数据，了解和整理了前人的调查研究成果，结合目前国家与公共项目建设相关的法律政策，为本书的研究内容提供了值得信赖的理论和方法依据。

（2）案例分析法。

本书的研究重点之一是探究公众参与对公共项目决策结果的影响、如何采用科学的方法和工具得到公众对公共项目客观有效的评价。案例分析法作为常用的一种研究方法，主要用于解决研究中具有独特性、复杂性或具有深度的问题。本书主要调研公众参与公共项目决策的问题，分析公众对公众参与制度的了解情况、公众自身的参与热情、影响公众参与的因素、投资建设方对公众参与的态度及对公众决策结果的重视程度等。通过实际调研，得到与公众参与公共项目决策过程相关的数据，并对其进行了科学的筛选，将具有参考价值的数据整理到书中，作为接下来模型构建的实际基础。

（3）多准则决策法。

针对多个备选方案下较为复杂的决策问题，往往不能只依靠单独的评价标准做最终决策，而是需要建立包含多个评价准则的指标体系。决策者需要考虑每一个评价标准，对评价标准和备选方案进行评价，得到初始的决策结果。初始结果一般不能直接反映评价的最终排序，此时即需要使用多准则决策法，对评价信息进行科学有效的处理，使得到的结论能够被相互比较。在现实中，我们遇到的问题往往并不简单，要面临评价结果信息不完整、初始信息的一致性较差、决策者权重未知、评价标准权重未知等情况，此时对构建的多准则决策模型会有更高的要求。需要指出的是，并不是越复杂的模型决策效果就越好，我们追求的是具有较低的复杂度，但同时又能保证合理性和有效性的多准则决策方法。

（4）模糊偏好关系评价法。

模糊理论自提出之后就广为各学科领域引入和应用。由于决策者会受到自身知识和经验有限、决策问题相关信息收集不完全等方面的限制，在做评价时往往会出现犹豫不决的情况。引入模糊理论的思想，将决策者的心理活动以区间值或者各类模糊数的形式表达出来，会使评价结果更加具有科学性。利用多准则决策方法做决策时，多评价准则的权重和评价专家的权重对结果都是非常重要的。

通过两两比较的偏好关系评价法，可以对评价标准或者备选方案做比较，得到初始的决策矩阵，从而在考虑决策矩阵一致性的基础上对评价标准和决策者进行加权，相较直接赋权等方法，可以更加充分地发掘决策矩阵所包含的信息。因此，基于偏好关系和模糊思想的评价方法既可以提高决策的科学性以及信息处理和集成的充分有效性，也更加接近决策者面对复杂问题时的真实心理活动。

（5）计算实验方法。

计算实验方法是一种集多项研究于一体的实验方法，为科研工作者提供了一种新的研究思路。该方法主要通过对个体行为进行建模分析来研究整个系统的特征。研究人员能够选取吸引公众的变量，并通过研究变量的变化使系统演化发生变化，从而加强公众对复杂社会系统行为及其内在机制的认识，使公众更深入地观察和理解现实世界。这是一种结合定性与定量方法，借助计算机技术再现社会系统情景的研究方式。

在模型构建阶段，本书非常注重个体行为的文化基因、个体间交互规则，以及社会环境等因素的描述，实现社会系统微观行为和宏观表现的统一，可以用来分析社会科学中存在的种种问题，帮助人们了解和掌握更多的社会规律和科学理论，从而创造出更多有实验根据的结论。该方法对社会现象及其演化过程具有解释功能和预测功能。

1.3.3　研究的技术路线

本书研究的技术路线如图1-1所示。

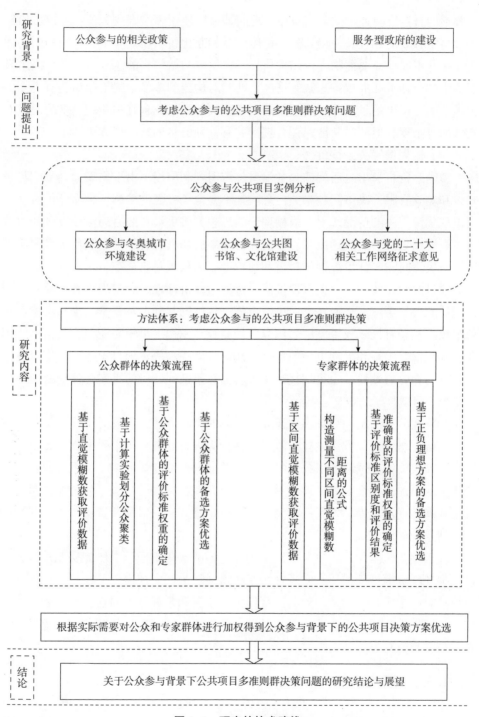

图 1-1 研究的技术路线

1.4　研究的创新点

本书的创新点主要体现在：

一是针对公共项目的决策问题，通过引入公众参与，以期提高决策结果的合理性和公共项目的管理效率。考虑到公共项目由政府主导，并服务于广大公众，本书以公众和以政府为主导的投资建设方为对象，针对公众参与公共项目决策的问题设计并发放调查问卷，通过收集和整理相关数据得到公众对于参与公共项目决策的意愿较为强烈，且政府一方对此也相当支持。由于公众群体的数量较多，为了对公众群体的决策结果做科学处理，本书基于公众个体之间的相似度引入大群体的聚类思想，从而可以对参与决策的群众代表进行分类，为后面决策过程中数据的初步整理打下基础。

二是针对公众参与公共项目的大群体决策问题，本书提出利用简化的直觉模糊数描述公众群体的决策结果。该方法简单易懂，可以同时考虑公众群体对决策的满意程度和不满意程度，并且可以快速转化为严格的直觉模糊数。本书基于直觉模糊数，提出了测量不同直觉模糊数的距离公式，并据此构造评价标准权重未知的多准则决策模型。先确定评价标准权重，再利用 TOPSIS 法对备选方案的决策信息进行处理，并对综合距离做权重的标准化处理，以同时考虑公众群体和专家群体的决策结果。

三是采用了计算实验方法，这是新兴的、集多项功能于一体的研究方法，对社会现象及其演化过程具有解释功能和预测功能。由于社会系统的计算实验模型在特定的条件下，从某一方面反映了社会的真实情况及其内在规律，能够解释许多复杂的社会现象，并揭示各种可能的演化趋势。通过计算把可重复的受控实验与假设演绎法有机结合起来，用数字化编码模拟社会结构关系构造的计算实验平台，可以使社会系统中的复杂问题更加清晰，使隐含的结构更直观。本书引入计算实验法解决参与决策的公众群体聚类问题，将每一个参与决策的公众视为一个行为主体，以其决策结果之间的相似度为基础，构造聚类模型，考察不同的相似度阈值下的聚类数目、聚类的平均一致性和标准一致性，分析多次演化后的聚类结果，以确定聚类的数目和具体分类情况。

四是本书引入基于区间直觉模糊数（IVIFN）的多准则决策方法，处理公共项目的专家群体决策问题。首先给出全面考虑 IVIFN 的模糊信息，可衡量两个不同 IVIFN 差异度的计算公式，据此构造带均衡系数的评价准则权重确定模型。其次给出考虑备选方案与正理想方案及负理想方案相对距离的计算公式，并据此对备选方案进行最终排序。但是，当出现决策问题的评价标准较多、备选方案数目较大的情况时，基于 IVIFN 的多准则决策方法将不再适用。此时可引入最优最劣方法和偏好关系的比较思想，在提高决策效率的同时保证决策结果的客观性和合理性。为确保评价结果更加贴近实际情况，本书将评价结果的讨论范围扩展至直觉偏好关系。基于偏好关系的评价结果可以对其一致性程度进行考察，进而可以对决策者和待评价项同时进行加权，因此本书还引入了基于乘法偏好关系的 ELECTRE Ⅲ 法，以处理专家给出的关于公共项目备选方案的决策数据，该方法可通过计算决策结果的满意度，确定是否需要在一定的限制次数下对决策矩阵进行修正，从而得到备选方案最终的排序结果。

2　研究基础

本章主要为全书的研究基础部分。首先给出了公共项目、公众参与、偏好关系，以及公众参与公共项目决策过程的概念；其次对支撑本研究的主要理论给出了系统的梳理介绍，包括利益相关者理论、参与阶梯理论、模糊集理论、多准则决策理论；再次梳理了公众参与公共项目的相关研究文献、基于模糊集理论研究文献、基于偏好关系和大群体决策的研究及相关文献；最后结合本书的研究对象，即公众参与公共项目决策问题以及构造的方法体系，对给出的文献做方法发展和实际应用上的评述。

2.1　概念界定

2.1.1　公共项目

我们首先对"公共产品""私人产品"给出简单的解释。从字面意思来看，两者是相互对立的两类产品。私人产品是被社会上部分群体所拥有和使用的产品。公共产品则是所有社会成员都可以免费使用或者支付低价费用就可以使用的产品，每一个使用公共产品的社会成员都不会因为他自己的使用而增加或者降低公共产品的数量和影响他人的使用。例如，公园、公共图书馆等基础设施，以及国家的领土、边防安全和国家的宪法等都属于社会的公共产品。

公共项目作为公共事业运转的直接对象，是公共事业细化出来的重要分支，也是政府为公众提供公共产品的重要载体。一般由政府通过财政支出为社会提供服务，为社会正常运作提供保障。公共项目的资金主要来源于公共财政支出。陈通等（2015）指出，公共项目的建设业主方，一般是代表人民利益的政府公共部门，建设公共项目的目的是满足公共需求，因此公共项目既具备一般项目的特征，又有其自身的特点。公共利益是公共项目的根本立足点，公共项目最终的建设也是为了实现公共利益。由于公共项目直接服务于公众，与公众的关系非常密切，公共性是其最突出的特征，如铁路、桥梁、市民广场建设等。

2.1.2　公众参与

"公众参与"从字面意思上可以理解为社会公众通过一定的形式参与一些社会活动，该词一般被认为是由"政治参与"演化发展而得，也称为公民参与或者公共参与。公众参与所包含的行为活动并不局限在政府主导的、带有政治态度的领域，比如公众通过参与政府的一些决策活动，从而对公共政策的具体内容带来决定性的影响；还包括公众为自身权利、利益和价值取向而采取的一些将自身的意见表达出来，同时希望得到政府等管理者的重视和采纳的行为方式。因此公众参与这一形式的兴起，可以认为是在公众需求多样化、不同利益主体加入公共服务的情况下，形成的一种利益协调机制，该机制的最终目标是形成公众满意的科学的决策。公众参与也可以被描述为一种展示新时代民主精神的途径，公众参与主要涉及环境的相关立法等活动（黄森慰等，2017）。由于"公众参与"这一概念在国内外出现的时间都不是很长，因此还没有对其给出统一认可的定义。黄森慰等（2017）认为，公众参与是指政府在制定法律法规时，考虑到会对公众的利益带来一定程度的影响，为了保证公共利益，了解公众诉求，会让公众以面对面访谈、在相关平台发表个人评论意见、投票等形式参与到法律法规的制定过程中。公众参与可以监督政府执行力、促进政府行为透明化，不论是对提升政府决策的公正性还是科学性，都有着积极的影响。王锡锌（2018）是较早一批研究公众参与的学者，出版了多本有关公众参与的代表性著作，包括《公众参与和行政过程》《行政过程中公众参与的制度实践》等，从法律和行政结合的角度系统梳理了公众参与制度的理论基础、实践意义，以及实施建议，详细阐述了参与式民主理论的发展，提出完善信息公开制度，激活公众参与精神，进一步改进公众参与的制度和机制。桂萍（2016）在论文《重大行政决策之公众参与制度研究》中系统阐述了公众参与重大行政决策的基本理论，重点论述了信息公开制度、听证制度和专家参与制度，为公众参与制度的本土化实践拓宽了道路。

俞可平（2008）认为，公众参与就是公民试图影响公共政策和公共生活的一切活动。蔡定剑（2009）认为，公众参与是公众通过直接与政府或其他公共机构互动的方式决定公共事务的过程。公众参与作为一种制度化的民主制度，应当是指公共权力机构在立法、制定公共政策、决定公共事务或进行公共治理时，通过开放的途径从公众和利害相关的个人或组织获取信息，听取意见，并通过互动反馈对公共决策和治理行为产生影响的各种行为。根据以上学者关于公众参与的定义，沈梦璇（2022）总结出公众参与制度主要涵盖公众范围、参与形式、参与时机及参与保障四项内容，如表2-1所示。

表 2-1 公众参与制度的公众范围、参与形式、参与时机和参与保障

公众参与制度	含义	解析
公众范围	公众范围指直接参与到中国的发展立法决策层面、政府决策管理层面和基层治理层面等决策过程中的特定人员范围	"公民参与"主要指公民个体，强调公民资格。"公众参与"的公众覆盖面更广，包括利益群体或利益集团组织等，不强调公民资格（王士如和郭倩，2010）
参与形式	参与形式指决策机关采取多种方式征求公众意见，鼓励公众参与到重大行政决策过程中	公众参与多以听证会、座谈会、论证会、立法调查、公开征集意见、信函和电子邮件及其他现代通信手段等方式求公众意见，便于多角度、多渠道收集公众的意见和建议
参与时机	参与时机指决策部门制定完成重大行政决策或规划报告的决定形成之后，在报送上层决策部门审批之前的时间点和阶段	这是对决定做价值判断的阶段，需要了解公众的想法，制定公共项目决策需要考虑和听取公众的意见，参与时机的确定不仅提高了公众参与的科学性，还能更有效地发挥公众参与制度的作用
参与保障	参与保障指决策机关为保证公众参与发挥实效而采取和提供的一系列保障性措施，包括决策全过程中的信息公开、反馈机制和责任追究机制	一系列的保障性措施使公众在参与过程中拥有知情权，调动公众参与的积极性，为公众提供利益表达渠道，实现决策机关和公众的双向良性互动，保证公众参与制度的完整性，促进决策反映民意和公众利益

目前公众参与的定义在学术上还未达成一致，公众参与在我国获得关注的时间较为有限，但是鉴于其对政府与公众之间进行的和谐的信息交流起到积极的促进作用（王雅琴，2014；黄森慰等，2017），可有效提高政府治理成效（Doelle 和 Sinclair，2006；薛澜和董秀海，2010），国内学者对公众参与的研究热情呈高涨趋势（陈通等，2015；罗智敏，2014）。从公众参与具体内容的视角，目前学者主要用以下三类观点分析公众参与的意义：一是允许公众更加直接地参与社会公共问题治理，可以提高我国微观民主建设的水平，在这个基础上为宏观的民主制度建设水平的提高打下基础（张晓和岳盈盈，2017）。二是公众参与对政府行政绩效的建设也会起到促进作用（范柏乃和金洁，2016）。三是公众参与主要涉及环境保护相关立法等活动，政府在制定法律法规时，考虑到会对公众的利益带来相当程度的影响，为了保证公共利益以及了解公众诉求，会让公众以面对面访

谈、在相关平台发表个人评论意见、投票等形式参与到法律法规的制定过程中（黄森慰等，2017）。从公众参与的时间段来说，国外学者提出要将公众参与的时间提前至决策过程的前期；从公众参与的主体视角来说，要将参与的公众范围扩大到未受项目直接影响的群体（Junker等，2007）。

虽然公众的参与行为受到参与意愿的正向影响，但影响有限，即公众极高的参与意愿不能有效地转化为公众的参与行为，我们认为这与政府提供给公众的参与形式、参与渠道效力较低有关。本书主要研究公众参与公共项目的决策过程，其中"公众"是指公共项目建设初期、建设中以及建设成功后这三个时期中存有利害关系、与政府面临同样的建设发展问题、受公共项目建设影响、对公共项目具有共同利益诉求的相关个体或组织。综合以上各种文献所做的界定，本书研究的公众参与公共项目决策是指普通公众通过参与公共项目的决策过程，表达自身对该类项目建设相关决策问题的态度，即让普通公众可以和决策专家一起为项目的建设和管理发表意见。

2.1.3 偏好关系

一般来说，人们可以通过对事物进行两两比较，根据自身对事物的偏好程度给出自己的决策结果。该方法受限制因素的影响较小，且更加符合决策者在做评价时容易做比较的心理，还能有效地将决策问题用数学语言描述出来，从而受到了各个领域学者的广泛追捧。著名的层次分析法便是基于偏好关系给出的。传统的层次分析法是1~9级量化分析，但是在现实生活中往往很难用一个确切的数据来表达某两个候选者的优劣程度。因此，随着模糊集理论的提出和发展，在模糊集理论的环境里讨论偏好关系的方法应运而生，也被应用于许多不同的实践中，比如：经济分析、部门招聘、项目预算、决策支持系统、信息管理系统、建筑选址，等等（Alonso等，2010；Kou等，2009；Srdjevic等，2005；Xia等，2013；Xu，2013；Mehrjerdi，2014）。虽然有各种不同种类的偏好关系表达形式（Alonso等，2010），但总体来说，我们一般将其分为两类：一类是基于0~1量级的模糊偏好关系（Orlovsky，1978），即其表示比较关系的数字是0~1，满足加和互补性的数字；另一类是基于1/9~9量级的乘法偏好关系（Saaty，1977），即表示比较关系的数字是1/9~9满足乘法互补性的数字。最初，模糊偏好关系和乘法偏好关系都是用单独的数字来给出决策矩阵的各个元素（即比较结果）的；但正如模糊集的发展过程一样，人们慢慢发现，单独的数字很难形象地表达现实生活中的各种决策。为了处理这一问题，Xu（2004）给出了区间模糊偏好关系，Saaty 和 Vargas（1987）提出了区间乘法偏好关系，从而将描述比较关系的精确数字改进为用一个区间来描述，正如区间模糊集中的元素一样。学者们同时研究了这两类决策矩阵的元素之间的关系，以及矩阵本身具有的各种性质，并将其应用于排序择优方面（Xu 和 Liao，2015；Liu，2009）。中国的学者 Xia 和 Xu（2013）在给出关于直觉乘法偏好关系的相关定义，以及算法等相关研究结果。

2.1.4 公众参与公共项目决策

公共项目的决策过程一般来说有广义和狭义之分。广义的公共项目决策贯穿项目建设的始末，即涵盖了从最初的规划到项目后评估与后期运营的全过程。本书主要涉及狭义的公共项目决策过程，其主要内容如图 2-1 所示。

图 2-1 公共项目建设决策过程

公众参与公共项目决策是项目建设的客观需要，可以提高公共项目的管理效率和建设效率，使公共项目的建设成果更加符合公众需求，适应时下供需体制的发展潮流。根据公众参与公共项目决策的深度和广度，公众的参与形式可分为，决策型参与，指的是公众参与的决策意见对最终的决策结果有实质性影响，该类型的参与是参与阶梯里面的最高层次；部分意见参与，该类型是指政府主导，通过一定形式安排公众在某公共项目中表达意见，根据公众整体的实际决策情况适当听取公众意见，形成最终的决策；告知型参与，一般是在政策和法律法规颁布之前，组织群众召开座谈会，是一种有一定的宣传作用的公众参与形式，如目前的听证会，虽然它也有质询的作用，但是一般情况下只利用其告知功能。针对基于公共项目提供的公共服务，公众也有不同的参与类型：调整型参与，目的是调整政府公共服务的供需，政府通过寻求公民参与，既可以建立与公众的良性互动，又可以最大程度地提升公共服务的质量；合作型参与，即政府的公共服务部门和公众集合双方的有利资源，在一定的制度框架内合作，以期提供更优质的公共服务。

2.2 理论基础

2.2.1 利益相关者理论

"利益相关者"一词最早出现于 1708 年，用来表示人们参与某项带有盈利色彩的社会活动的"下赌注"行为，即分得收益或承担亏损。到了 20 世纪 60 年代，英美等市场经济国家对公司治理模式进行了不断探索，发现追求股东利益最大化的过程必然需要加强公司的外部控制，需要增强与公司利益相关联的各个主体的有效参与，如股东、债权人、债务人、员工、供应商及客户。斯坦福大学研究报（SRI）首次明确定义了"利益相关者"概念，即组织发展过程中不可或缺的外界力量。利益相关者理论日渐发展成熟并应用于其他领域（Streimikiene 等，2012）。Freeman（1984）提出，利益相关者是会影响一个企业的发展的，或者会反向影响被企业的发展所影响的团体和个人。Cleland（1986）最早将利益相关者理论拓展至研究和处理项目类的相关问题，尤其对基础设施建设项目而言，其有关项目选择、项目建设、项目运营等方面的决策不仅直接影响所在区域的经济、社会及环境的发展变化，还影响了不同利益相关者需求的满足程度。换句话说，项目利益相关者的需求满足程度表明了项目的成功或失败（Bourne，2009），因此将利益相关者纳入公共项目决策体系对项目管理研究与实践具有现实和理论意义（Kibert，1994）。利益相关者是组织发展过程中不可或缺的外界力量。当前环境公共决策在结构和程序上呈现封闭性，与决策结果具有直接利害关系的公众被排除在外，其认知风险的权利得不到有效实现，增加了预防型环境群体性事件的发生概率（郭红欣，2016）。环境问题涉及范围广，公众作为直接利益相关者，对环境问题敏感度较高，处理不当易引起群体性事件。将公众群体引入环境治理过程，需要面对不同情境下公众参与方式、参与程度等的界定问题，需要具有实践指导效用的公众参与机制。江国华和梅扬（2017）分别从参与主体、参与形式、参与效果方面着重论述了公众参与制度存在的不足，确立了"利益相关者"标准并划分其范围和类型，重视利益相关者的意见，促使公众参与制度达到预期效果。同时，进一步综合考虑政府、企业、公众群体内部和三者之间的利益交互，构建具有内部逻辑的机制链，以期从理论层面解释和指导共治行为，提高环境保护的治理成效。利益相关者理论日趋发展成熟，也渐渐应用于其他领域。

2.2.2 参与阶梯理论

参与阶梯理论源自于一篇专门研究市民参与问题的文章——《市民参与的阶梯》，该文章是由阿恩斯坦发表于 1969 年，文中将市民参与城市规划管理的深度比喻为一个阶梯，参与的程度越深则阶梯越高（Arnstein，1969）。具体如图 2-2 所示。

由图 2-2 可知，公众参与分为三个主要层次，由低到高依次是：第一层次，不是参与的参与，即非参与层；第二层次，象征性参与；第三层次，通过行使公民权利的控制性参与，即深度参与。非参与层包含操纵（Manipulation）和医治（Therapy）两种参与形式，之所以被称为不是真正意义上的参与，主要是公众完全没有参与到项目的决策规划过程中，只是完全被操纵和被医治。象征性参与，公众虽然对项目的决策规划过程有所知晓，但是其态度并不能影响项目的结果，公众的参与只是告知（Informing）、咨询（Consultation）和安抚（Placation）。控制性参与是公众真正有实质性意义的参与，公众的态度可以对项目的结果产生影响，包括伙伴关系（Partnership）、授权代理（Delegated Power）和市民控制（Citizen Control）。该阶梯理论也被称为"公众参与的八个阶梯"，随着阶梯的升高，公众对决策的影响程度也逐渐升高，高度概括了公众参与所包含的内容，同时给出了公众参与的具体程度的明确划分标准，为评定公众参与制度提供了参考标准。

针对公众参与的程度，阿恩斯坦（Arnstein，1969）将其分为三种类型，分别为假参与、表面参与、深度参与，具体如表 2-2 所示。

图 2-2　市民参与阶梯层次

表 2-2　针对公众参与的程度划分公众参与的类型

公众参与类型	含义	辨析
假参与	操纵 训导	行政机关在制定行政决策的过程中不考虑或者回避公众意见，不披露信息或者只披露非核心信息

公众参与类型	含义	辨析
表面参与	告知 咨询 展示或安抚	公众参与在行政决策中不具有主动权，公众意见发挥的效用比较低，但相关部门开始关注公众意见的重要性。行政机关不仅会考虑甚至会采纳公众意见，公众参与的影响力逐渐扩大
深度参与	伙伴关系	行政机关在决策制定的各个环节及各个阶段均离不开公众的主动参与，经过探讨和沟通后，相关部门会形成综合方案计划，公众也会监督政府决策的落实情况

公众参与阶梯理论由来已久，在当今实践中仍然发挥着巨大价值，正是在该理论和实践的不断发展下，公众参与开始实现从假参与到深度参与的发展，而这也体现出公众参与权的扩大和政府行政权力受到公众参与的限制。

2.2.3 模糊集理论

现实生活中的一些事物可以通过完全的量化进行比较，如公司利润、发表论文的数量，但是另一些事物是无法通过确切数值描述的，如一个公司的生存前景、某学者的水平高低等。由于人的理性是有限的，人们在做决策的时候，总会有犹豫不定的情感。这些情感是不能通过传统的、以追求精确性为主的数学思想来表示的。20世纪60年代，美国控制论专家 Zadeh（1965）通过一篇发表在国际重要期刊 *Information and Control* 上的文章，首次提出了模糊集的概念。这一拓展理念打破了传统的二元逻辑，其核心思想是把对一个问题或者事物的判断结果由原来的只能是1（是，对）或0（否，错）扩展到区间 [0, 1]，以描述人对该事物的态度。模糊集理论提出之初的隶属函数值只能用单一数值表达"隶属度"，当评价者更加犹豫时，用单独数值表示的隶属度便无法满足评价者的需要。Zadeh（1975）给出了区间模糊集的概念，将隶属度的取值扩展为一个区间，从而与现实问题又近了一步。然而，在一些实际应用中，人们往往很难给出绝对的同意，在对某些事物进行判断时总会表现出一定程度的犹豫。例如，在投票选举的过程中，由于参与选举的人们有各自不同的立场和认知，故而除了选择支持的人以外，还有投反对票的，当然还有无法决断自身意愿的人选择了弃权票。为了解决这一问题，Atanassov（1986）给出了同时考虑这三种投票情况的数学概念体系，即直觉模糊集（Intuitionistic Fuzzy Set，IFS）的概念。直觉模糊数包含了决策者对待事物满意的程度、不满意的程度和犹豫的程度，在处理模糊性和不确定性上更加贴近地反映了决策者的态度。为了丰富其理论并扩展应用范围，学者对直觉模糊集赋予了新的含义，给出了基于直觉模糊数的加权算子、相关的运算法则以及一系列的相关研究（Atanassov，2000）。Atanassov 和 Gargov（1989）综合已有的模糊集理论，主要结合区间模糊集和直觉模糊集的优点，提出了更加符合人们做决策时内心复杂情况的概念——区间直觉模糊集。这个概念更形象贴切地利用区间分别表达人们对客观事物进行评价时的各种态度——满意的程度（隶属度）、不满意的程度（非隶属度）、不确定的程度（犹豫度）。这一概念的提出，点燃了不同领域的学者极大的热情，此后该理论体系在纯粹的理论和实际应用上都发展迅速。相较传统数学追求的精确，模糊集理论弥补了传统数学的不完善之处，通过模糊的思想更"精确"地处理难以用绝对语言表达的问题。

2.2.4　多准则决策理论

决策问题是伴随人类社会活动产生和发展的。我国历史悠久，远在战国时期，著名的典故"田忌赛马"就是体现我国古人决策智慧的经典实例之一。《孙子兵法》同样展示了先人在决策策略上的大智慧，还有一些古迹，如京杭大运河、万里长城，以及建造精美细致的寺庙楼阁，这些都体现着我国人民在具体的大型工程上的决策能力。但是，这些实际的决策方法较多地针对具体的问题，没有发展成一个科学统一的体系，未形成具有普遍的规范性的学科。

一般地，学术领域将 20 世纪 50 年代 Neumann 和 Morgenstern 发表的期望效用价值理论定为现代决策学科体系发展的起点。他们针对决策问题从理论的高度给出解决方案。诺贝尔经济奖获得者西蒙的经典名言"管理就是决策"，充分肯定了决策理论在管理学中的重要性。

另外，随着人们的社会活动越来越丰富，面临的决策问题也越来越复杂。单独从一个角度做决策显然已经不能满足解决实际问题的需求，因此需要决策者从不同层面对现实问题进行考虑。每个决策者的知识经验等都是有限的，单独的决策主体在面对复杂问题承受较大压力时，将难以做出合理明智的决策。决策体系的规模急需扩大，从最初的单独主体到多个主体，从单个评价标准到多个评价标准，从单个备选方案到多个备选方案。这些促成了多准则决策方法理论的发展和壮大。与 Simon 的决策步骤类似的多准则群决策理论，强调了在做决策的过程中，需要考虑多个评价准则，同时决策者也不再是单独的一个主体，而是由多个主体构成的决策群组。具体的决策过程主要有：首先从现实问题中归纳提炼出决策问题，明确此次决策活动的决策目标；其次根据现有的资源确定备选方案，同时构建决策的评价标准体系；最后选择合适的描述工具对决策结果进行评价，并构造与决策问题相契合的计算模型对评价结果做计算以达到优选的目的。

由于决策过程涉及的信息量巨大，人们收集信息和处理信息的能力有限，决策环境复杂，以及隐藏的各种风险难以预期，且决策者自身的压力过大或者认知有限，使决策者在决策时总会出现犹豫不决的情况。传统的精确数学理论已经无法合理地解决此类问题。

西蒙从科学认知的角度出发，将决策行为主要分为四个步骤，如图2-3所示。西蒙提出的决策理论有一个著名的前提，即他假设作为决策主体的人是有限理性的。这一假设与我们之后要引入的模糊集及与之相关的方法和理论，都有着相通之处。正是由于决策者有着有限理性的特点，其在做决策的时候会出现犹豫的情况，而传统的数学精准计算的思想又不能表达这种现实情况，因此模糊数学理论的出现解决了这一燃眉之急。

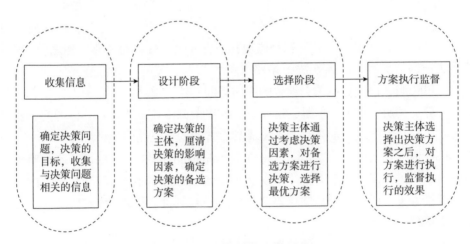

图2-3　西蒙的决策分析步骤

2.3　文献综述

2.3.1　关于公众参与的研究综述

Whitaker（1980）在其文章中提到，公共服务类项目需要考虑公众参与，特别是直接服务于广大公众的项目。此外一些文献还将教育、医疗、文化等公共服务的提供比喻为医生接生新生儿，政府公共服务项目的提供机构的功能在于用合理的管理手段使这个"接生"的过程更加顺利。因此，他认为与其由政府等服务机构提供一个成品给社会，不如引入公众参与，使之和政府等服务机构一起创造一个更满足公众需求的成品。Bovaird（2007）明确指出，传统公共服务的设计和管理理念没有考虑多个利益相关者之间存在的合作关系，已经不适用于当下的时代需求。他构建了包含使用者和社会服务在内的合作生产概念框架，并列举了一些促进合作和改善地方服务的案例。Bond 等（2007）在研究废弃核电站处理的过程中，提出影响公众参与的因素有公众的态度是否被重视和采纳、公众对项目信息了解的程度、政府给出项目相关信息的公开程度、政府是否做到了透明用权等。Doelle 和 Sinclair（2006）指出，政府不只是要让公众参与环境评价的全过程，还需要将公众参与的时间提早到评价的早期。Junker 等（2007）在其修缮河流设施的相关研究中更是指出，考虑到大型公共项目对于所处区域的影响范围较广且时间较长，参与项目决策的公众范围应该扩大到不会受到项目直接影响的群体。Thomas 和 Palfrey（1996）将公众比喻为客户，将政府的公共管理部门比喻为为客户提供服务的受益人，Alford（2002）指出，Thomas 和 Palfrey 的观点也是新公共管理理论西方政府再造运动的核心思想。Irvnr 和 Stansbury（2004）在其研究中明确指出，政府在决策过程中引入市民的意见，让其参与到政策的制定过程中是有价值的。虽然公众参与出现的时间并不长，但是国内外对其的重视程度却非常高（李晶，2006；斯蒂芬·罗宾斯和蒂莫西·贾奇，2008；范柏乃和金洁，2016；佩特曼，2006）。

王锡锌（2012）提出，允许公众更加直接地参与社会公共治理问题，可以从提高我国的微观民主建设水平，并在这个基础上为宏观的民主制度建设水平的提高打下基础。吕富媛（2012）指出，政府能否与公众开展良性互动是考察政府服务性能的重点之一。谢琳琳（2005）就公众参与公共项目的决策过程提出，政府可以让公众有机会向政府反映其内心的真实意愿，了解政府决策的信息，提升公众对政府决策结果的信任程度，这样政府也可以获得更多的关于公众需求的情况，提高所建项目的公众满意度和管理效率。谢琳琳和杨宇（2012）通过对公众参与政府投资建设项目的意愿和影响因素等做实证研究，指出公众对法律和媒体的信任度最高。李树苗和宋瑞霞（2022）认为，信息获取对公众参与具有显著的正向影响，政府信任和风险感知在政社关系中均发挥了部分中介作用。张廷君（2015）为了探析城市公共服务政务平台中公众的参与度及其与公共部门间的关系，以福州市便民呼叫中心 2013 年公开的 134610 项公众参与记录为研究对象，分析了公众参与的行为特征及其与公共部门的对话效果。研究发现公众参与大多是基于自身利益的被动诉求，参与层次较低；虽然公共部门对公众诉求的回应率较高，但回应质量却可能因缺乏足够的监督而无法得到保证。江永清（2015）指出，在经济发展进入新常态后，政府、市场和公众之间需要更为和谐的博弈关系，政府要进一步优化职能，更多地扮演服务的角色。范柏乃和金洁（2016）通过结构方程验证公众深入参与公共服务的供给过程，认为以政府形象为中介，会对公共服务绩效带来积极的影响。詹泽雄和吴宗法（2015）从公众参与的视角出发，构建基于前景理论的区间数多属性公共项目群决策模型，提出将公共项目决策纳入公众参与机制是为了达到获得受公众支持的高质量决策的目标。杨宇和徐文娟（2010）研究了影响公众参与公共项目的原因。杨宇和余波（2010）列举出目前我国公众参与公共项目决策的不同方式，并分析了其优缺点和适用的公共项目类型。2004 年，王锡锌教授在北京大学就公众参与问题专门建立了研究与支持中心。吴建南和高小平（2006）研究了公众参与对政府行政绩效的作用，特别是考虑了行风评议对行政绩效的促进功效。骆梅英和赵高旭（2016）考虑了公众对政府做重大决策的影响。

王雅琴（2014）针对政府的决策能力问题，指出引入公众参与虽然会带来一定的压力，但是也会增加决策管理者学习和应付新挑战的能力。尽管公众参与公共项目的相关研究没有公众参与环境领域决策的研究深入，相关机制体系的发展还不成熟，统一的操作流程也未形成（王锡锌，2012），如现有的公共图书馆地方立法分析，公众参与公共图书馆治理存在地方重视度不足，可操作性有待加强，保障机制不完善等问题（陈旭辉，2022），但是公众加入公共项目决策过程的愿望逐渐强烈，因此政府需要考虑在公共项目的决策过程中引入公众参与，减少政策的执行和服务提供过程中的行政负担，降低成本和风险冲突（吴建南和高小平，2006）。为保证公众能切实有效地参与地方公共图书馆治理，提高公共图书馆服务效能，建议有关公共图书馆建设的地方立法应进一步明确公众参与的权利属性，拓宽公众参与的深度与广度，完善公众参与的保障机制。武小川（2014）指出，公众参与社会治理是公民的权利，应在依法治国的基础上，对公众参与提供法律法规的保护。王利民（2013）在其论文中指出，公众参与是社会管理创新、构建"四位一体"新格局的重要途径。从"服务政府"的视角出发，分析了公众参与对政府交通运输管理的必要性，指出公众参与可以提高交通类相关政策实施的有效性和可接受性。托斯卡纳区是意大利的一个大区，该区的公众参与通过正式立法的方式得到保障，罗智敏（2014）通过对意大利托斯卡纳区的公众参与法做系统的研究，指出公众参与可以增加政府透明度，对我国目前公众参与发展不平衡的现状具有一定的参考作用。张晓和岳盈盈（2017）强调，公众拥有立法参与权利对我国的民主建设是非常有必要的，它可以稳固法律的公正性，保障法律的制定水平，甚至还是保护公众自身权益的一种体现。曾莉等

（2015）应用实证的方法探究政府的服务绩效与公众参与之间的关系，结果表明，政府的绩效与公众评价的相关性显著，即政府可以因地制宜，采用合适的公众参与方式，这对政府治理有积极作用。

2.3.2 关于公共项目的研究综述

在国际上，公共项目与私人项目是基于相对不同支撑资金划分的两类项目。一般认为，我国公共项目是由政府出资建设，具有社会效益的项目。随着我国财政体制的改革，国内学者从管理层面和经济角度探究公共项目管理相关问题，使公共项目的概念更加完善。按照国家发展和改革委员会和原建设部联合发布的《建设项目经济评价方法与参数（第三版）》中对公共项目的界定，公共项目是指为满足社会公众需要，生产或提供公共物品（包括服务）的项目；公共项目不以追求利益为目标，其中包括本身就没有经营活动、没有收益的项目。这类公共项目一般包括城市乡村建设的基础设施，从资金的投入到后期运营管理，都由政府负责。吴祥明（2002）认为"公共投资项目"是各级政府为实现其辖区范围内经济和社会的发展，使用公共财政投资建设的市政、交通、文化、教育、体育、环境等公共工程，其影响效果远非一般生产项目所能比拟，是公众格外关注的焦点之一。花拥军等（2004）将公共项目界定为"公共工程项目"，并将其定义为"为了满足国家和地区社会发展需要，以增进社会福利为投资最终目标的项目"。齐中英和朱彬（2004）将公共项目定义为直接或间接向社会提供公共消费品的项目。齐二石（2007）认为，公共项目是项目的一个种类，凡是为了提供一项公共物品而进行的项目都可以算是公共项目。

目前学者关于公共项目的研究主要集中于三个方面：一是分析公共项目绩效测度体系，包括从绩效损失的角度，构建指标体系对公共项目的绩效进行测度（包国宪等，2020）；基于具体案例描述绩效的损失情况和损失分布，从公共项目绩效损失结构切入，以改进绩效提升项目效能为核心目的并给出损失控制和机制创新等对策建议（王学军和王子琦，2019）。二是研究公共项目多方建设主体、运营主体之间的博弈关系，包括通过运用演化博弈理论分别构建静态和动态惩罚机制，以阻止公共项目建设承包商追求利益的机会主义心理和行为；构建三方主体非对称演化博弈系统动力学模型，分析各个主体之间博弈之后的稳定状态，以激励公众群体有效参与。三是从风险防控的角度，分析多主体参与下的公共项目建设中风险沟通问题，以及参与主体之间信任关系的建立（王超群，2018）。

2.3.3 关于模糊集理论的研究综述

随着模糊集理论的不断丰富和发展，专家学者逐渐将其应用于实际问题中，尤其是决策领域。现实中决策者会遇到一些背景复杂、考虑因素较多且自身压力过大等情况，很难给出精准的决断，模糊思想较之前的精确数学更加贴近决策者的心理，能更加全面地描述评价信息。单一的决策者很难做出较为合理的决定，因此需要不同的专家来对某一决策问题进行评判，我们一般利用模糊多准则群决策法分析和解决实际问题。现实生活的一些事物可以通过完全的量化进行比较，比如财政投入、乡村文化场馆建设数量，但是一些定性的情景是无法通过确切数值描述的，比如政府颁布政策的预期效果、助农项目的好评度、民众的满意度等。

Saaty 和 Vargas（1987）将模糊集理论拓展到层次分析法并进行了实用性研究。Hung 和 Yang（2004）基于 Hausdorff 距离计算了不同直觉模糊数之间的相似度。Szmidt 和 Kacprzyk（2002）同样探究了如何利用直觉模糊集解决多准则决策问题。万树平和董九英（2010）将直觉梯形模糊数应用于解决多个评价标准的优选问题中。万树平（2012）对基于直觉模糊决策方法进行了深入研究，给出了分式规划下的考虑多个评价标准的排序方法。李晓冰和徐扬（2012）将直觉模糊推理方法应用于多个决策主体，且同时应用于多个评价标准的群决策问题中。模糊集的思想还被广泛应用于 Satty 提出的层次分析法。

孟俊娜等（2015）将区间直觉模糊集引入工程项目的承包方评价问题中，通过构造信息集成算子并计算排序函数，从而对承包方进行评价排序。陈志旺等（2015）研究了评价标准权重未知的多准则决策问题，构造得分函数和精确函数的互补判断矩阵来对评价标准进行加权，再计算加权的评价结果与正理想的关联系数，从而对备选方案进行最终排序。陈志旺等（2014）用区间直觉模糊数描述对备选方案评价的结果，通过构造几何加权算子对评价结果进行加权，并引入 TOPSIS 法比较每个备选方案与正理想的距离，从而对其进行排序。张恩瑜等（2015）将多准则群决策法应用于国家自然科学基金项目评价中，构造了四准则评价模型，并使用模糊语义描述评价结果，为基金项目的评价提供了理论支持。李娅等（2014）将区间直觉模糊集引入对候选人的评价过程中，并将评价结果的隶属度、非隶属度、犹豫度分拆成单独的三个区间，再进一步地反模糊化得到排序结果。Wang 等（2016）利用直觉模糊环境下的 Choquet 积分，解决 PPP 项目中的双边匹配问题。王中兴等（2014）引入区间直觉模糊集来描述匹配双方的评价信息，并构建组合优化模型来求解最优匹配结果。Genc 等（2010）提出了评价区间直觉模糊偏好关系一致性的方法，该方法对最后的优化排序有着重要作用。林杨等（2016）利用区间直觉模糊集解决需要考虑多个属性的决策问题，以求得满足决策双方主体需求的最优的匹配结果。

甘晓龙（2014）在其博士学位论文中从利益相关者的视角出发，构造模糊群决策模型以研究基础设施建设项目的决策问题。由于基础设施的效用一般只有在未来的使用中才能凸显出来，在建设中也存在多种不确定性因素的影响，即对基础设施建设项目的决策环境是模糊的，他采用5级模糊语言变量描述影响项目可持续性和公众满意度的因素，据此可以得到模糊判断矩阵，再利用熵权法可以计算影响因素的权重。赵杨东（2016）在其博士学位论文中通过奇异值分解对传统的 AHP 模型进行改进，并用模糊决策矩阵的一致性程度判断哪一个企业联合体更加优秀，进而为 PPP 项目选择合适的合作伙伴。一些国内学者将模糊集理论应用于企业选取合作者的决策问题中（覃正和卢秉恒，1997；吴宪华和张列平，1998；王光军等，2001；卢少华，2003；曹杰等，2006；何寿奎，2010）。本书将在第6章引入基于直觉乘法偏好关系的多准则决策方法，并将其应用于公共项目的初步筛选阶段，相较赵杨东的研究理论更加深入，且与实际问题的联系更加紧密。

徐泽水和陈剑（2007）基于区间直觉模糊数得到决策矩阵，并将其应用于多准则群决策问题中。宋波和徐飞（2011）使用加权的思想联合单独决策者满意度和决策群组满意度，限制单独决策者满意度的下界，从而在决策群组联合满意度最高的情况下对项目方案做排序。Xu 和 Yager（2006）基于直觉模糊算子研究了决策矩阵的几何一致性程度。高岩等（2012）以三角模糊数为基础，在直觉模糊集的环境下，给出加权的信息集成，并将其应用于企业供应商的选择问题中。裴植等（2012）将区间模糊数与可以表达决策者不确定信息的语言模糊数相结合，用于解决工人的绩效评估问题。岳立柱等（2014）将模糊数与排队论相结合，考虑多重休假策略，在三角模糊结构元表示方法的基础上，对传统排队论进行拓展。吴冲和万翔宇（2014）基于区间直觉模糊数对传统的熵权法做了升级之后，结合 TOPSIS 法来处理实际排序优选问题。公共项目的投资在我国公共财政支出上占据较高比例，基于模糊集理论可以对参与项目决策的主体进行决策研究（梁竹和毛佩佩，2014；张慧等，2015）。

各类犹豫模糊语言的出现使评价信息的描述更加贴近决策者的内心。本书在研究过程中，也会使用犹豫模糊语言对民众的主观偏好进行描述。国内外研究人员主要将犹豫模糊语言与评价者的情绪偏好相结合，从而进行评价决策方法的探究，主要分为以下三个方面：一是基于评价者的乐观情绪和悲观情绪或者积极的偏好和消极的偏好，构建基于群体满意度的、适用于评价标准权重未知的模型；二是基于反映评价者犹豫心理，建立现行规划下的评价决策模型，利用犹豫模糊语言描述评价结果，构建模型计算评价标准权重，在备选方案中得到优选（张世涛等，2021）；三是基于评价者的风险偏好心理（曹静等，2019），同时结合后悔理论（汪新凡和王坚强，2016；汪新凡等，2022）和 D-S 证据理论（谭春桥和贾媛，2017），构建双边匹配模型、线性模型等群决策模型以达到优选的目的。这些模型并不适用于公众群体参与背景下的大群体评价决策问题，主要是因为在决策者数量上受到限制。虽然有学者在犹豫模糊语言集的基础上提出了适用于大规模计算的方法（王坚强和吴佳亭，2015），但是该类方法未充分考虑评价标准权重未知、决策信息不完全等情况，不适用于属性不同的公众群体、专家群体同时参与的决策问题。同时，目前的相关理论和实际应用方面的研究多集中于探讨评价者数量较少的情况，尤其是基于评价者偏好关系的方法体系，它更适用于评价者数量少情况较为复杂的专业性决策行为。对本书设计的以考虑公众满意度为主的评价模型，难以达到大数据处理的要求。

2.3.4 关于偏好关系和大群体决策的研究综述

基于偏好关系的多准则决策方法通过对候选项进行两两比较而给出决策矩阵，一经提出便引起学者的关注（Saaty，1980；Orlovsky，1978；Tanino，1984；Herrera 等，1995）。偏好关系有不同的表示形式，张云（2014）指出这些不同的形式是由于决策者使用不同的表达偏好关系的方法造成的。该方法以 Satty（1977）提出的 1~9 级量表为基础，大幅降低了对多选项逐一评价与决策的复杂度，故此可提高处理一些实际问题的效率。为了降低 1~9 级量表的模糊度，国内外学者提出了不同的量表计量方法（丁俭等，2000；汪浩和马达，1993；Wang 和 Parkan，2008；徐泽水，2002），比如汪浩和马达（1993）给出了形如 9/9~9/1 的分数计量法。Herrera 等（2001）提出在基于偏好关系的信息形式中，有效用函数、方案偏好顺序、模糊偏好关系这 3 种偏好信息的表示形式。但是当研究的实际问题较为复杂时，单纯考虑次序一致性不能完成对评价标准和备选方案的评价，此时需要对某备选方案优于其他备选方案的程度进行考察和具体的计算，从而可以更为精确地对初始决策数据进行处理和最终排序（陈晓红和阳熹，2008；Chuu，2009；Herrera 等，2001）。基于模糊偏好关系的决策结果描述方式汲取了模糊集理论的精华，更加符合决策者的评价结果表示习惯。在解决比较复杂的决策问题时，Xu（2001）提出了区间模糊数偏好关系、Xu（2003）提出了三角模糊数互补偏好关系、Xu（2004）进一步在优先关系的情况下讨论，以弥补应用区间模糊数时的不足。Xu 和 Yager（2009）以区间值模糊偏好关系为描述工具，通过研究其相似度来解决多准则群决策的优选问题。国内外学者基于不确定性提出几类不同的语言偏好关系表示形式（Rodríguez 等，2012；Xu，2004；Xu，2006；Espinilla 等，2011；Herrera 和 Martinez，2001；许永平等，2010；Herrera 等，2000），如 Xu（2004）给出的基于不确定性的加法语言偏好关系，Xu（2006）基于不确定性的乘法语言偏好关系。

基于偏好关系的决策矩阵的一致性程度会直接影响决策的合理性，所以检验和调整决策矩阵的一致性成为优化决策的首要问题。马维野（1996）给出了一种检验矩阵一致性的方法，骆正清（2004）给出了一种解决不一致性问题的方法，朱建军等（2007）对层次分析法的一致性进行了改进。他们都明确指出：次序一致性是衡量决策矩阵的合理性和判断决策者思维是否自相矛盾的基本要求。多数研究人员认为决策矩阵的一致性分为两种，即基本一致性和次序一致性。国内外学者对矩阵一致性的判断和修正分别给出了自己的方法，Sándor 等（2016）分别将比赛结果和两两比较的结果都用有向图的形式表现出来，既形象又容易理解；同样将基于乘法偏好关系的比较结果放在有向图的环境下进行讨论，即用有向图的语言来描述决策者给出的决策矩阵和排序结果。Xu 等（2016）通过构造距离测量公式来处理模糊互补偏好关系环境下的次序一致性和加法一致性。魏翠萍（2006）提出，在单准则条件下，从有向图的角度，通过计算长度为 3 的圈的个数判断矩阵的次序一致性。依靠理论解决实际问题时，仅给出判断是不够的，更重要的是进一步优化决策结果。戴建华等（2006）引入影子矩阵，从矩阵本身性质的角度给出了次序一致性的判断定理。尤其当决策矩阵的阶数较高时，原有方法的复杂度将会明显加大。Kim 和 Ahn（1997）研究偏好关系在决策信息残缺情况下适当修补初始决策矩阵中个别元素，可以在不降低决策结果可靠性的前提下，避免决策者做重复的评价，进而可以提高决策过程的效率和合理性。为了处理比较次数过多的问题，Rezaei（2015）在研究过程中提出基于最优项和最差项的选择评价法——最优最劣法（Best-Worst-Method，BWM），该法既符合人们的决策习惯，又在保证评价结果可信度的前提下提高了决策效率。BWM 的评价过程相较于传统的两两比较方法的一个最大优势，也是其核心理念，即它通过先选择最优项和最劣项，再以此为标准进行比较，比较次数可以从一般情况下的 $n(n-1)/2$ 次降到 $2n-3$ 次。

一些学者同样指出一般模糊多准则决策方法在评价者数量以及评价标准、备选方案数量上的限制，大群体参与的评价决策问题是一类特殊的群决策问题，最大特点是有大量评价者参与最终的决策过程（Xiao 等，2020；Wu 等，2020；Tang

等，2020）。有的学者考虑引入聚类分析思想，对于大群体决策的聚类算法，可将其概括为两类：一类是计算个体决策结果和整体决策结果之间区别度，如通过构造测量成员之间偏好矢量的范式对参与决策过程的全体成员进行分类，以得到每类内部偏好和整体偏好，为最终的决策结果提供依据（Tang 等，2020；Zhou 等，2020），或者当单个共识水平低于预定义阈值时，将建立一个用于提高共识水平的模型，该模型可确保最小的总调整并允许不同判断的调整比例不同（Meng 等，2020）；另一类是逐步有序测量个体之间的区别度，对偏好矢量做改进并提出相似度的概念，降低聚类的偏差指标，进而提高后继决策结果的准确性。后来一些学者将模糊集理论引入聚类分析法中，从而可以处理模糊环境下大群体决策问题（胡立辉，2007）。还有学者考虑决策者面对风险时的心理因素（徐选华和吴慧迪，2018），或者决策者的社会网络结构（Wu 等，2020）提出了一些更为贴合实际的大群体决策方法。

2.4　文献述评

公共项目是与公众关系非常密切的项目活动，公众作为公共项目的重要利益相关者，有权利通过一定的程序参与公共项目的决策过程。政府的管理和公众参与的有效结合使得公共项目的决策更加符合广大公众的需求，并能提高公共项目管理的有序性和有效性。公共项目的建设具有规模大、周期长的特点，因此越早引入公众参与公共决策，就可以越早降低不合理决策带来的风险。不少学者通过问卷调查和案例分析的方法，说明公众参与对政府投资的公共项目建设的重要作用。同时学者们针对我国的实际情况，总结了不同类型的公共项目适用的不同公众参与方式。在公共项目建设中引入公众参与有各种利好，如何科学描述和处理参与公共项目的公众给出的决策信息也是非常复杂的过程。

模糊集理论作为一个学术分支，自 1965 年发展至今已成为一个独立的体系，并与多个领域建立起密切的联系。来自不同研究方向的专家学者对其进行了深入的研究和应用拓展，如上节的文献综述中提及的直觉模糊集、区间直觉模糊集及其相关的信息处理和集成算子，在项目评价分析、匹配，以及决策领域的应用。其中，区间直觉模糊集理论的研究相对较为复杂，同时也最为接近决策者的复杂心理。一般情况下，研究人员会通过建立评价指标体系，以各类模糊数或者模糊语言为描述工具，对不同评价标准下的备选方案进行评价，再构建或者引用他人的数据处理集成算子，对所得的模糊数据进行集成和反模糊化，以达到对备选方案进行最终排序和优选的目的。基于两两比较的偏好关系通过处理决策者对备选项做两两比较之后给出的评价结果，得到对备选方案的排序和优选。

目前，已有许多文章将模糊集理论或偏好关系理论应用于评价决策问题中，包括项目管理领域。但是传统的多准则决策方法一般只适用于决策者数目较少的专家群体决策，如何将该决策方法应用于处理公众这一大群体参与公共项目决策问题，已有的该方面的研究相对较少。一些学者采取先对公众群体进行聚类再对其进行具体评价的方式，是已知方法中较为合理的可以处理公众群体数目较大问题的方法。在公众参与公共项目的研究领域，已有的大量理论研究主要集中于政治学研究、公共政策的颁布和实施效果等的研究以及国家立法领域中的公众参与问题。具体到公众参与的意愿、公众如何参与、公众通过何种方式表现自己的态度，以及如何科学处理公众参与时给出的包含其个人态度的信息的相关研究相对较少。公众群体整体数量以及内部的差异性都较大，这也会增加其参与公共项目决策过程的难度。已有的关于公众参与公共项目的大部分理论在具体的参与问题上显得有一些抽象和形式化。在理论的研究过程中，微观角度的公众参与问题，可能就会被忽视和被掩盖。本书结合公众参与公共项目建设的相关实际问题，以实际调研与统计方法为基础，在已有的研究成果上，对公众参与的决策数据做科学的筛选和集成。将公众决策与专家决策的结果结合分析，进而得到科学客观且满足公众需求的决策结果。其中，在评价决策信息的表示和集成处理上，以模糊集理论和偏好关系为理论基础，通过提出更为合理的聚类方法，构造模型模拟聚类过程并利用计算实验软件对模型进行应用。最终本书形成了一套多准则决策方法体系，争取为公众参与公共项目决策在理论发展和实际应用上都做出一定的贡献，也为政府在公众参与公共项目的建设问题上提出可供参考的实用性方法工具。

3 公众参与公共项目
决策的案例分析

本章将从解决实际问题的角度出发，说明在公共项目的建设问题上，公众参与是公众和政府双方共同的需求。首先，研究组对公众参与、公共项目建设相关现状进行数据统计与梳理，并通过具有代表性的案例体现公众对公共项目不同发展阶段的影响，以此反映出公众对自身权益保护意识的觉醒，并表明公众和谐地与政府进行沟通对问题的顺利解决是有必要的。其次，研究组收集公共参与公共项目的典型案例，分析公众主体和政府主体对公众参与公共项目决策的态度及参与的积极性等，并结合图表对收集到的数据做出整理和分析。由案例分析结果可知，公众和政府双方对公众参与公共项目建设问题大多持有积极的态度。

3.1 公众参与公共项目决策的发展现状

3.1.1 公众参与文化和旅游部项目情况

2022 年，文化和旅游部坚持以习近平新时代中国特色社会主义思想为指导，全面贯彻党的二十大精神，全面落实《中华人民共和国政府信息公开条例》各项要求和《国务院办公厅 2022 年政务公开工作要点》有关部署，坚持以人民为中心的发展思想，推进政府信息公开和政务公开，积极拓宽公开领域，创新公开形式，提升公开质量，努力为人民群众提供全面、准确、及时、便捷的政府信息服务。2022 年，文化和旅游部门户网站发布信息 9991 篇，微信公众号、微博、抖音账号共发布信息 5788 条，总关注量 190 万，关注量同比增长 38.1%。① 随着政府信息公开程度的提高，政府信息公开主渠道作用得到充分发挥。

2022 年，文化和旅游部进一步优化依申请公开办理的各个环节，持续完善在线申请办理系统，全面提升依申请公开的规范化、标准化、便利化水平。践行以人民为中心的服务理念，站稳人民立场、把握人民愿望，坚持以诚相待，耐

---

① 资料来源：《文化和旅游部政府信息公开工作 2022 年度报告》。

心、细致地做好沟通解释，尽可能满足人民群众对政府信息的合理诉求，努力提升为人民服务的质量。2022 年，文化和旅游部共受理政府信息公开申请 93 件，保持了零行政诉讼率和较低的行政复议率，获得了绝大多数申请人的认可。如图 3-1 所示，2022 年人民群众申请的公开受理渠道中，在线申请占 91%，邮寄申请和现场申请分别占 7% 和 2%。

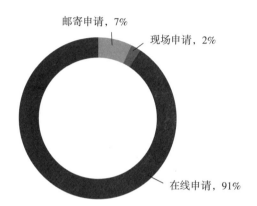

图 3-1　2022 年文化和旅游部依申请公开受理渠道统计

资料来源：《文化和旅游部政府信息公开工作 2022 年度报告》。

2022 年人民群众申请公开涉及领域的统计结果如图 3-2 所示。图 3-2 中，市场管理、统计信息和资源开发领域申请公开的件数较多，分别为 25 件、17 件和 11 件。人事人才、产业发展、艺术管理、机构信息、执法举报、公共服务和对外交流领域申请公开的件数处在平均水平，分别为 7 件、6 件、5 件、5 件、4 件、4 件和 4 件。非物质文化遗产保护和政策规划领域申请公开的件数比较少，分别仅有 3 件和 2 件，说明公众对各个领域的关注程度存在较大差异。文化和旅游部受理的政府信息公开申请事件更多地集中在市场管理、统计信息和资源开发领域。

2022 年文化和旅游部新收政府信息公开申请情况如图 3-3 所示。2022 年新收政府信息公开申请数量共 93 件，其中，予以公开 24 件，部分公开 3 件，不予公开 7 件，无法提供 44 件，不予处理 8 件，其他处理 7 件。

2022 年，文化和旅游部政府信息公开工作取得了新进展和新成果，但在政府网站建设、政策文件解读、公众留言办理等方面仍有待改进。2023 年文化和旅游部要重点做好以下四个方面的工作：一是提升信息主动公开水平，以政府门户网站的政府信息公开平台为依托，做好政务信息管理工作，完善"政策法规"栏目，推进政府信息公开方式更加统一规范。二是优化政府网站和政务新媒体管

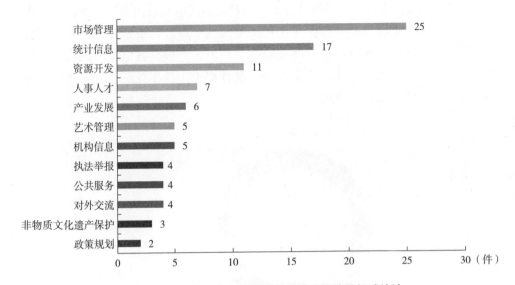

图 3-2 2022 年文化和旅游部依申请公开涉及领域统计

资料来源:《文化和旅游部政府信息公开工作 2022 年度报告》。

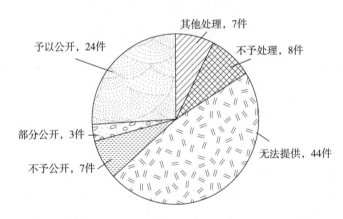

图 3-3 2022 年文化和旅游部新收政府信息公开申请情况

资料来源:《文化和旅游部政府信息公开工作 2022 年度报告》。

理,加强对文化和旅游部政府门户网站和政务新媒体的日常监管,确保信息发布及时、准确、规范;上线政府门户网站新版移动端页面,优化网站栏目设置和功能设计,方便公众浏览、获取政府信息。三是强化政策文件解读,加强内容保障,注重对政策背景、出台目的、重要举措等方面的实质性解读;创新政策解读方式,发布更加多样的政策解读产品。四是规范依申请公开和公众留言办理方式。进一步优化依申请公开办理流程,提升答复文书规范化水平,更好满足公众的合理信息需求。提高网民留言办理效率，为公众咨询提供便利。

3.1.2　公众参与公共项目的实例分析

3.1.2.1　公众参与冬奥城市环境建设典型案例①

2022 年北京冬奥会开幕前，由北京冬奥会城市运行及环境保障组办公室、首都城市环境建设管理委员会办公室、首都精神文明建设指导委员会办公室主办的"人人动手、美化家园"冬奥城市环境建设公众参与案例征集活动圆满收官，共推选出 10 项典型案例，7 项提名案例，如表 3-1、表 3-2 所示。

表 3-1　典型公众参与案例

序号	案例名称	组织单位
1	北京市垃圾分类宣讲项目	北京市城市管理委员会
2	"冬奥有我，扮靓京城"主题志愿服务活动	首都精神文明建设指导委员会办公室、北京市城市管理委员会、共青团北京市委员会、北京冬奥会城市运行及环境保障组办公室信息宣传处
3	无障碍监督员培训项目	北京市残疾人联合会
4	小微城市公共空间更新	北京市规划和自然资源委员会、北京市发展和改革委员会
5	"城管开放日"系列活动	北京市城市管理综合行政执法局
6	"冬奥有我，爱卫同行"爱国卫生运动	北京市爱国卫生运动委员会办公室
7	"绿色北京 绿色行动"宣讲项目	北京市生态环境局
8	周末卫生大扫除	东城区东四街道办事处
9	朝阳群众小河长志愿服务项目	朝阳区水务局、共青团朝阳区委
10	"门前三包"规范管理	石景山区城市管理委员会

表 3-2　提名奖公众参与案例

序号	案例名称	组织单位
1	志愿服务进社区推动"五大青年行动"	共青团北京市委员会
2	冬奥气象知识科普 点燃青少年冰雪运动热情	北京市气象局
3	做好林木有害生物防控工作 美化家园、助力冬奥	北京市园林绿化局

---

① 资料来源：从动手，美化家园！冬奥城市环境建设公众参与典型案例揭晓 [N]. 北京日报，2022-01-28.

续表

序号	案例名称	组织单位
4	随手志愿　公交当先　筑梦冬奥　美化家园	北京公交集团
5	城市运行"公众开放日"活动	海淀区城市管理委员会
6	共建共治共享　背街小巷点"靓"幸福生活	通州区城市管理委员会
7	街巷文明引导员项目	延庆区城市管理委员会、延庆区精神文明建设指导委员会办公室

此次活动自 2021 年 8 月启动以来，共收到 40 家单位报送的 107 件案例，覆盖了市属委办局、区级单位、国有企业等多个领域。经过专家严格评审，最终选出"北京市垃圾分类宣讲项目"等 10 项典型案例，"志愿服务进社区推动'五大青年行动'"等 7 项提名案例①。

在典型案例的评审中，专家们牢牢把握了一个重点原则，即根据项目在实施过程中的动员开展情况和公众参与度等因素，择优推荐具有较强示范性和影响力的案例。

例如，由北京市城市管理委员会推荐的"北京市垃圾分类宣讲项目"，组建了市、区两级宣讲体系，培育了一支由 150 名市级讲师和 800 余名区级讲师组成的垃圾分类宣讲团，以冬奥会为契机，结合新版《北京市生活垃圾管理条例》的实施，已开展宣讲 8000 余场，辐射 300 余万人次。由北京冬奥会城市运行及环境保障组办公室、首都精神文明建设指导委员会办公室等单位组织的"'冬奥有我，扮靓京城'主题志愿服务活动"，组建了 100 余支骨干志愿服务队伍，举办活动 300 余场，8800 余人次参与，服务时长超过 17700 小时。

一场场形式鲜活的宣讲，让垃圾分类、绿色生活的理念深入人心；一次次参与广泛的志愿活动，使公众美化环境、服务社会的热情不断高涨。下一步，北京市还将加强宣传推广，让这些具有典型性、创新性、实效性且群众参与广泛的成功项目产生更强的生命力，继续为城市环境建设作出更大贡献。

3.1.2.2　公众参与公共图书馆、文化馆建设典型案例

2017 年 11 月 4 日，第十二届全国人民代表大会常务委员会第三十次会议通过了《中华人民共和国公共图书馆法》，公众参与公共图书馆服务和治理首次以法律的形式得以确定。《中华人民共和国国民经济和社会发展第十四个五年规划

---

① 资料来源：北京冬奥会城市运行及环境保障组办公室。

和2035年远景目标纲要》第三十五章提出提升公共文化服务水平，其中第二节完善公共文化服务体系要求，创新公共文化服务运行机制，鼓励社会力量参与公共文化服务供给和设施建设运营。2021年，文化和旅游系统贯彻落实《文化和旅游部 国家发展改革委 财政部关于推动公共文化服务高质量发展的意见》《"十四五"公共文化服务体系建设规划》，推动公共文化服务高质量发展，继续推进县级图书馆文化馆总分馆制建设、公共文化机构法人治理结构改革，启动实施全国智慧图书馆体系、公共文化云建设项目。公众参与是实现公共图书馆多元化发展的重要力量，对图书馆、文化馆的建设具有现实意义，各地积极引导公众参与图书馆建设和治理，为提升图书馆的服务质量提供了一条有效路径。

（1）公众参与公共图书馆建设实践现状研究

近年来，公众参与作为热门词语经常在党和政府的政策报告中出现。关于公共图书馆建设发展中的公众参与的解释有很多，目前还没有特别统一的表述。从广义上来看，公众参与公共图书馆建设和治理可以理解为公众通过合理的渠道和途径，在公共图书馆建设、服务、运行和监督等环节向政策决策部门提出自己的建议和意愿。从狭义上来看，图书馆建设中的公众参与是指公众利用信息通信技术、网络平台等各种有效信息交流渠道为公共图书馆的决策制定和建设、运营管理、志愿服务和文化活动等工作提出自己的诉求和建议，整个参与过程存在意见反馈、施加影响，以及个人信息传递和接收等（完颜邓邓和王文斐，2020）。

近年来，部分专家学者对公众参与公共图书馆建设的相关理论和实践研究比较广泛，主要涉及志愿者服务、公共图书馆法人治理、合作建设公共阅读空间、社会捐赠四种模式（陆和建和赵瑾，2020）。本书整理了当前公众参与图书馆建设的四种方式，主要包括公众参与图书馆建设、公众参与图书馆治理、公众参与图书馆服务创新、公众参与图书馆监督（陈旭辉，2022），具体内容如表3-3所示。

表3-3 公众参与图书馆建设的四种方式

模式	内容	方式
公众参与图书馆建设	鼓励公众自己等集资金参与投资建设图书馆	参与图书馆资金筹集、参与图书馆物资捐赠、提供志愿服务。例如，私营企业家等主体参与图书馆阅读空间建设，典型项目有佛山的高明织梦自助图书馆及"旅图·晓读夜宿"民宿+图书馆项目等

续表

模式	内容	方式
公众参与图书馆治理	鼓励公众以法人身份参与图书馆治理	公众借助理事会的形式法人治理结构。例如,温州市图书馆、上海浦东图书馆、深圳图书馆、广州图书馆、深圳市福田区图书馆、浙江省图书馆等均参与了法人治理结构改革
公众参与图书馆服务创新	公众参与图书馆发展过程中的各项文体活动创新以及提供完善的服务	志愿服务中的图书整理、专业服务以及吸纳社会贤才参与图书馆的文化活动。例如,厦门市图书馆借助"三库三平台"模式管理志愿者、上海嘉定区图书馆实施政府与志愿者联动的"百姓书社"项目
公众参与图书馆监督	公众参与图书馆建设、治理和服务过程中的服务质量评估和监督管理	设立决策监督型理事会

通过"北大法宝"法律法规检索系统检索到关于"图书馆"的地方性法规有 14 部,地方性政府规章制度 14 条,相关地方规范性文件 189 项,公共图书馆部分地方立法中有关公共参与的具体内容如表 3-4 所示。

表 3-4　公共图书馆部分地方立法中有关公共参与的内容

法律法规	条款及内容
《东莞市公共图书馆管理办法》（2016 年）	第五条　鼓励和支持自然人、法人或者其他组织以捐赠资金、文献、设施、设备或者其他形式支持公共图书馆的发展 第六条　鼓励自然人、法人或者其他组织依法设立公共图书馆发展社会基金,或者向公共图书馆发展社会基金进行捐赠 第七条　推动公共图书馆建立和运行法人治理机制,建立和完善理事会等法人治理机构 第三十二条　应当建立常态化志愿服务机制,加强与志愿服务组织的合作,根据需要组织志愿者参与公共图书馆的日常运行和服务工作 第四十八条　社会力量参与公共图书馆的运营与管理
《深圳经济特区公共图书馆条例》（2019 年修订）	第六条　鼓励公民、法人或者其他组织兴办公益性图书馆,或者与公共图书馆合作提供公益性图书馆服务,或者设立公共图书馆发展社会基金,或者向公共图书馆发展社会基金进行捐赠 第二十条　鼓励公民、法人或者其他组织通过各种方式向公共图书馆捐赠其出版或者编印的各类出版物和资料

续表

法律法规	条款及内容
《广州市公共图书馆条例》（2020年修订）	第六条　鼓励国内外自然人、法人或者其他组织以捐赠资金、文献、设施、设备或者其他形式支持公共图书馆的发展 第七条　市、区人民政府应当推动公共图书馆建立和运行法人治理机制，建立和完善理事会等法人治理机构 第四十四条　用户享有提出建议和意见的权利并及时获得回复 第五十条　公共图书馆应当建立常态化志愿服务机制，组织志愿者参与公共图书馆的日常运行和服务工作 第五十二条　设立用户意见箱（簿），公开监督电话，开设网上投诉通道，组建社会监督员队伍，定期召开用户座谈会
《贵州省公共图书馆条例》（2020年）	第四条　鼓励和支持公民、法人和其他组织自筹资金设立公共图书馆，并按照国家有关规定给予政策扶持 第十八条　公共图书馆选址和建设方案应当组织行业专家论证，征集社会公众的意见 第二十四条　推动公共图书馆建立健全法人治理结构，吸收有关方面代表、专业人士和社会公众参与管理 第三十条　鼓励公民、法人和其他组织向公共图书馆捐赠正式出版物或者编印的内部资料 第四十七条　考核应当吸收社会公众参与并向社会公布考核结果
《佛山市公共图书馆管理办法》（2021年）	第六条　鼓励公民、法人和其他组织自筹资金设立公共图书馆。鼓励公民、法人和其他组织以捐赠资金、设施设备、文献信息及其他形式支持公共图书馆事业的发展 第十条　市人民政府负责在全市行政区域内统筹建立覆盖城乡、便捷实用的公共图书馆服务网络。公共图书馆服务网络建设遵循政府主导、社会参与、各方联动的原则 第十三条　市、区文化主管部门应当支持和引导社会力量设立或者参与举办的公共图书馆纳入联合图书馆体系，实行统一管理 第二十九条　各级行政机关应当及时向公共图书馆提供主动公开的政府信息，为社会公众获取政府信息提供便利 第三十二条　向社会组织采购服务，吸纳社会组织参与公共图书馆的运行、管理与服务 第三十六条　鼓励公共图书馆加强与志愿服务组织的合作，建立常态化志愿服务机制

（2）"市民馆长"项目实施情况、运行机制及成效

通过分析当前学者的研究，可以认为图书馆法人治理结构是当前提出的较为创新的现代治理模式，但无法解决公众参与公共图书馆运营管理模式单一的问题，该治理结构仍在初步探索阶段，这也是以"市民馆长"项目为案例进行调

研和分析的原因。

2017 年 4 月，佛山市图书馆为响应政府积极推动公共文化服务建设的号召，推出了"市民馆长项目"，2017~2021 年，佛山图书馆共招募了 5 届 40 余位"市民馆长"，每届 10 人左右，一般在每年 4 月"世界读书日"之前重新招募并完成换届，佛山图书馆"市民馆长"的发展情况如表 3-5 所示。"市民馆长"项目目前还在初始阶段，项目在推进过程中不断优化各类便民服务项目，给予用户较好的阅读体验，公众参与公共图书馆建设提高了图书馆的服务质量和管理水平。

"市民馆长"项目的运行机制逐渐清晰，值得其他地方图书馆借鉴。"市民馆长"项目在图书馆志愿者章程和制度的基础上，设计了更符合项目情况的制度，以此保障项目的合理运行。佛山图书馆制定了《"市民馆长"管理办法》，以规范性文件明确了"市民馆长"的管理原则、岗位要求、招募流程、招募数量、培训方式、考核规定等。同时，在广东"i 志愿"系统建立了专属"市民馆长"项目的志愿者服务队，推动"市民馆长"活动信息公开工作，记录志愿时长，做好项目统计分析并留存档案，此项举措旨在调动公众参与志愿服务的积极性。"市民馆长"更多地是从"邻里图书馆""读书会"项目参与者，以及公开课名师团队中招募，综合考量候选人的协调能力、组织策划能力及社会实践能力等。

表 3-5　佛山图书馆"市民馆长"项目发展情况

年份	发展情况
2017	佛山市提出建设第三批国家公共文化服务体系示范区，为更好地响应政府政策，佛山市图书馆创新推出了"市民馆长"文化志愿服务项目 4 月，图书馆招募了 10 位"市民馆长"参与图书馆的日常管理工作，同时鼓励各位"市民馆长"为图书馆文化活动策划提供建议和方案创意
2018	在佛山市图书馆的指导下，"市民馆长"成立了"一叶知心"邻里图书馆，在社区、家庭开办主题读书阅读活动；参与推出"千家万户"阅暖工程——邻里图书馆项目，邀请社会家庭力量参与全民阅读推广，形成立体化阅读推广体系
2019	佛山阅读联盟成员发展至 77 家，全年开展阅读推广活动 400 余场；佛山市图书馆志愿者服务队年度新增志愿者 1455 人，累计拥有志愿者 4262 人；"千家万户"阅暖工程——邻里图书馆获得第三批广东省公共文化服务体系示范项目创建资格

续表

年份	发展情况
2020	"市民馆长"项目以高质量发展为目标进行项目升级，建立值班制、监督制、项目制等制度，通过值班了解图书馆运作、通过监督查找不足、促成图书馆与社会力量的合作；进一步探索，畅通公众表达意见、建议的渠道
2021	"市民馆长"参与"易本书"家藏图书共享服务、"邻里图书馆"项目、"旅图·晓读夜宿"民宿+图书馆项目、"全人生阅读"工程等重点项目的建设，从项目制度设计、小程序功能优化、创新文化服务等方面提出具有参考价值的建议
2022	"市民馆长"参与佛山市图书馆重点服务项目建设，积极建言献策；参与智能图书馆的巡检和文化活动策划组织，积极促成图书馆与社会力量的合作

（3）推进公众参与公共图书馆建设实践探索的对策和建议

为更好地促进公共参与公共图书馆、文化馆建设，需要协调政府、公众和服务机构这三者之间的关系。政府为公众参与提供机会和政治保障，公众通过多种渠道对服务机构和政府的决策或政策等进行意见反馈，并产生有效影响。根据当前国内外研究的实践经验，本部分从政府、社会公众和服务机构（如公共图书馆和文化馆等）三个角度提出推进我国公众参与建设公共图书馆和文化馆的策略。

从政府的角度来看，需要进一步完善公众参与图书馆建设的制度，推动建立健全现代公共文化服务体系。当前公众参与图书馆建设的体制和机制仍不完善，表现在现行的文化事业单位的法人治理结构改革仍面临着极大挑战，公众无法获取机构的准确信息，更难以起到有效的监督评价与反馈作用。政府作为公共文化事业发展的组织者、管理者和推动者，应在公众参与公共图书馆文化馆建设过程中起到引导、监督和管理的作用。官方媒体的宣传作用不容忽视，在重视媒体推广的影响力，将公共文化服务机构向大众化普及，让社会公众了解到基础文化。

从公众的角度来看，需要培养自身主动参与的意识，增强参与文化治理的意识和能力，完善自身的群体协作能力。公众的积极参与是"市民馆长"项目得以高质量推进的主要原因之一。公众应该主动了解所在地区公共图书馆项目建设情况，充分利用图书馆为公众搭建的畅所欲言、展示能力的综合性平台。公众应通过多种参与途径积极关注重点文化项目的发展，积极参与各项业务活动，发挥主人翁精神。公众参与图书馆建设过程中存在由于个体差异导致志愿者团队出现信息质量参差不齐等问题，要提高群体协作能力，加强团队之间的交流，使服务公共图书馆的志愿服务群体能够高效地参与到公共文化服务事业的建设中来。

从公共图书馆的角度来看，一方面是转变自身的平台管理思维，主动凝聚社会力量参与公共文化服务事业建设。另一方面是畅通公众参与渠道，培养公众积极参与图书馆建设的意识。图书馆在鼓励社会公众参与项目决策和项目实施的过程中，各项资源配置和各项文化活动开展的过程中需要容纳来自社会公众的可行性意见和建议。图书馆应该建立平台思维，为激发、培育和引导各类公众力量投入公共图书馆建设、治理和运营管理创造良好的条件，进一步加强平台与用户之间的交互性。公共图书馆建设应该借鉴国内外的发展经验，构建畅通的公众参与渠道。各个机构联合开展线上和线下深度融合的方式，增加彼此之间交流沟通的机会，同时要打破公众参与公共图书馆建设的时间和空间限制，全力保障公众参与。

3.1.2.3 公众参与党的二十大相关工作网络征求意见典型案例

据香港《南华早报》网站 2022 年 4 月 21 日报道，党的二十大相关工作网络征求意见 4 月 15 日正式启动，这是中共首次就党的全国代表大会相关工作面向公众公开征求意见。

据媒体报道，此次网络征求意见的内容主要包括深入推进全面从严治党、推动高质量发展、全面深化改革开放、积极发展全过程人民民主、全面推进依法治国、建设社会主义文化强国、保障和改善民生、加强生态文明建设等方面。征求意见的时间为 2022 年 4 月 15 日至 5 月 16 日，在此期间公众可通过人民日报社、新华社、中央广播电视总台所属官网、新闻客户端，以及"学习强国"学习平台开设的专栏提出意见建议①。

党的二十大召开前夕，中国把维护经济和社会稳定作为工作重心之一。中国共产党以往主要向党内高层和少数党外人士征求相关意见。人民日报社为本次网络公开征求意见而设立的网页上说，这是党的历史上第一次将党的全国代表大会相关工作面向全党全社会公开征求意见，彰显了党中央发扬民主、集思广益的优良作风，充分展现中国共产党自信开放、守正创新的良好形象。公众可在该网页提供的 8 个选项中选择建言分类，留言字数限制在 20~1000 字；他们还需提供自己的年龄、政治面貌、职业、手机号码和地域等信息。该网页还选登了一些建议，如呼吁加大对弱势群体的支持力度，包括帮助残疾人就业、教老年人使用智能手机、改善农村基础设施等；一些建议与当局已采取的行动相呼应，如加强对数字内容的管理等。有关部门对收集的意见建议进行汇总整理和分析研究，为党的二十大相关工作提供参考。

---

① 参考信息网 2022 年 4 月 22 日报道。

从精心选取优质意见建议，到推出海报、视频等产品进行新媒体呈现，再到充分运用公共场所户外大屏及公共交通移动电视进行全面推广，各大平台利用线上、线下多种形式广泛宣传，形成强大声势，各平台征求意见页面总阅读量达6.6亿次。宣传动员成效显现，参与人员越发广泛。参与网络征求意见活动的网民既有国家机关、事业单位、国有企业的工作人员，也有民营企业职工、个体工商户等从业者；既有各领域的专家学者、专业技术人员，也有生产一线的广大职工群众。意见中超过97%是实名留言。在人民群众的广泛响应、积极参与下，活动期间共收集各类意见建议留言854.2万余条，体现出了建言数量和质量"双高"的特点[①]。

加强党的建设方面，有的网友希望，通过多形式、多渠道、全方位开展宣传宣讲，帮助广大干部群众进一步深化对"两个确立"决定性意义的领悟；有的网友建议，不断探索适合青年学生的宣传方式，深化年轻人对党的创新理论的理解与认识；有的网友表示，要用党建引领基层各项工作，让党的组织体系"神经末梢"更加活跃，党的"战斗堡垒"更加稳固。着眼基层治理，有的网友建议协调政府、市场、社会等各方力量，进一步提高基层治理应对新情况、解决新问题的能力和治理效率；有的网友表示应持续弘扬新风正气，推进移风易俗，用精神文明建设不断提升乡村治理效能。收集到的意见建议中，民生类最多，约占1/3，主要集中在教育、就业、医疗、住房、养老、社会保障等方面。

关于《中华人民共和国野生动物保护法（修订草案二次审议稿）》（以下简称《修订草案二次审议稿》）公开征求意见的情况：2022年8月，十三届全国人大常委会第三十六次会议对《中华人民共和国野生动物保护法（修订草案）》进行了第二次审议。会后公开征求意见期间，共收到3806位社会公众提出的12057条意见，另收到来信11封[②]。社会公众主要就规范野生动物人工繁育、展演、放生等提出了意见、建议。相关意见和建议在《中华人民共和国野生动物保护法（修订草案三次审议稿）》（以下简称《修订草案三次审议稿》）中得到体现，其中吸收采纳了基层立法联系点和社会公众提出的多条具体修改意见。

比如，来自广东的毛红波、内蒙古的王春红、浙江的王世杰等社会公众通过中国人大网公开征求意见系统，建议加强对利用野生动物进行公众展示展演活动的规范管理。经综合研究各方意见，《修订草案三次审议稿》增加规定，利用野生动物进行公众展示展演应当采取安全管理措施，并保障野生动物健康状态，具

---

① 求是网 2022 年 10 月 26 日报道。

② 国家林业和草原局政府网，http://www.forestry.gov.cn/.

体管理办法由国务院野生动物保护主管部门会同国务院有关部门制定。又如，广东省江门市江海区人大常委会基层立法联系点和一些社会公众建议增加野生动物保护管理信息公开、鼓励社会参与的内容。经综合研究，在《修订草案三次审议稿》中增加各级人民政府应当依法公开野生动物保护和管理信息的内容，并增加公益诉讼制度。再如，上海市长宁区虹桥街道办事处基层立法联系点和一些社会公众建议进一步规范野生动物放生活动。经综合研究，在《修订草案二次审议稿》中对野生动物放生活动作出规范的基础上，在《修订草案三次审议稿》中进一步增加规定，国务院野生动物保护主管部门应当会同国务院有关部门加强对放生野生动物活动的规范、引导。

关于《中华人民共和国青藏高原生态保护法（草案）》公开征求意见的情况：2022年8月，十三届全国人大常委会第三十六次会议对《中华人民共和国青藏高原生态保护法（草案）》进行了初次审议。会后公开征求意见期间，共收到279条意见，另收到来信4封。社会公众就加强生态保护修复，强化生态风险防控，强化生态保护科技支撑，加强信息公开和公众参与，完善保障与监督措施等提出了意见建议。相关意见建议在《中华人民共和国青藏高原生态保护法（草案二次审议稿）》中得到体现①。

关于《中华人民共和国无障碍环境建设法（草案）》公开征求意见的情况：2022年10月，十三届全国人大常委会第三十七次会议对《中华人民共和国无障碍环境建设法（草案）》进行了初次审议。会后公开征求意见期间，共收到1040条意见②。社会公众就残疾人、老年人的无障碍需求，进一步加强无障碍环境建设及其相关保障和监督管理等提出了意见建议。按照立法工作安排，全国人大常委会法制工作委员会梳理研究了各方面提出的意见建议，认真做好草案修改相关工作。

全国人大常委会法制工作委员会发言人第一次具名对意见吸收采纳的具体情况进行反馈。谁提的意见，提了什么意见，如何研究，吸收采纳情况是什么，这些一直受大家关注的内容，在本次通报中逐步显性化。政府更加重视与公众的互动交流，更加及时地反馈吸收采纳情况，体现了立法对民意的重视，践行全过程人民民主。

应对"银发潮"，一些网友为大力发展居家和社区养老服务，补齐农村养老服务短板出实招；为了巩固脱贫成果，一些网友为健全防止返贫动态监测和帮扶机制想办法。方方面面的意见建议，蕴含着广大人民群众创造的新鲜经验，蕴含着对客观规律的认识，集中表达了人民对经济社会发展的自豪和对未来发展的期待。

---

①② 界面新闻2022年12月26日报道。

3.2 本章小结

  本章概述了公共项目的决策过程。首先指出了本书涉及的公共项目的决策过程主要是指狭义上公共项目建设前期的决策，在此阶段引入了公众参与；其次结合实际案例和已有研究指出，引入公众参与对公共项目的前期建设与后期管理、社会稳定、民主制度建设、政府公信度的提升、资源的有效利用等方面有积极影响，最重要的是公共项目自身具有的公共属性使公众参与公共项目的决策过程对科学决策该类项目有指导性意义。课题组以公众和以政府为主导的投资建设方双方为调研对象，经反复分析讨论之后，结合专家意见设计调查问卷（即附录1），将通过各种方式收集到的有效数据做整理，然后结合图表形式给出有针对性的总结和分析。研究结果显示，公众对目前参与制度的了解整体程度较低，主观上公众自身的认知差异、生活经验和教育背景等的不同，都是导致公众对参与公共项目态度不同的原因。政府主导的投资建设方也会因此对公众决策结果的专业性表示担忧，同时总体数据显示，不论是公众还是政府，都表示公众参与会给项目本身和社会带来利好。归结起来，在服务型政府建设和公众民主意识逐步觉醒的重要时期，将公众引入公共项目的决策过程，不只是公众的期望，也是政府的需求。

4 基于直觉模糊集的公共项目公众群体多准则群决策

第 3 章通过案例分析和实证研究的方法，指出引入公众参与对政府和公众自身都有相当积极的意义。在科学民主地引入公众参与公共项目的决策过程之后，如何针对具体项目科学地收集公众的真实意愿，并使用合理有效的方法和工具对数据进行处理、集成决策信息便是接下来要解决的问题。本章将公众引入公共项目的决策过程，并以模糊集的相关理论研究为基础，提出一套多准则的方法，对公众给出的评价数据做信息的集成和分析，以期得到客观反映公众整体真实意愿的评价结果。实证研究的过程中可知公众群体内部的差异性和群体数量都较大，在面对和自身利益相关的现实问题时，公众难免因问题的复杂性和自身知识经验的局限性在做决策时犹豫不定。本章以包含公众满意度和不满意度的直觉模糊数作为描述评价结果的工具，将直觉模糊数以打分的形式告知参与决策的公众，在做数据处理时再将其转化为严格的直觉模糊数形式。与此同时，为了处理公众群体数量较大的问题，本章引入聚类分析的思想，基于决策结果的相似度对公众这一大群体先进行聚类，再进入多准则决策的分析流程，以期得到更加客观的、具有参考价值的公众群体多准则决策结果。

4.1 基于直觉模糊集的决策问题描述

建设公共事业对国家和人民都是意义重大的，不论是公共文化体系的建设、义务教育事业的建设、环境的治理与改善，还是涉及日常生活的供水、电、气等事业，这些都是与社会发展和公众生存息息相关的，是利国利民的根本性事业。公共项目建设涉及几乎所有的公众，如何使政府在公共项目上的投入最大化地造福社会，使得公共项目建设能够最大限度地满足社会公众的需求？做好公共项目的决策工作，给公众参与公共项目决策过程的机会，是政府直接获知公众需求偏好的有效手段。

如何分析公众参与公共项目的决策面临两个最主要的问题：一是采用何种方式描述公众的态度。二是对公众给出的初始决策数据如何进行有效处理，以尽可能地保留公众给出的偏好信息。现有的大多数研究都从政治理论的角度阐述公众参与的优点，但在具体处理公众决策信息上的研究相对较少。公共项目是典型的多准则决策问题，文献综述中指出基于模糊理论的多准则决策法已经在其他领域得到了广泛应用，但是由于公众的认知水平差异较大，且群体数量同样较大，若想达到了解公众偏好的程度，即使选取一定量的公众代表，也不是一个小数目，因此对方法选取的要求有一定的高度。本书将广泛应用于专家决策的模糊集理论应用于公众决策，并同时引入基于相似度的聚类分析法，以期在选取了适合的模糊数描述公众的评价决策结果之后，能够用合理有效的聚类方法对决策结果进行聚类分析，再以聚类结果为多准则决策流程提供依据。

Zadeh（1965）提出的模糊集和区间模糊集应用到实际问题中会受到较多制约。为了进一步解决这一问题，使模糊集理论更加贴近决策者的心理，保加利亚学者 Atanassov（1986）提出了直觉模糊集（Intuitionistic Fuzzy Set，IFS）的概念。称集合 $U = \{\langle x, u_U(x), v_U(x) \rangle \mid x \in X\}$ 为给定论域 X 上的直觉模糊集，集合中的元素满足条件 $0 \leq \mu_U(x) + \nu_U(x) \leq 1$，$0 \leq \mu_U(x)$，$\nu_U(x) \leq 1$，则称 $\mu_U(x)$ 为元素 x 属于论域 X 的程度，即隶属度；称 $\nu_U(x)$ 为元素 x 不属于论域 X 的程度，即非隶属度；根据隶属度和非隶属度，进一步地可以将 x 属于论域 X 的不确定程度表示为 $\pi(x) = 1 - \mu_U(x) - \nu_U(x)$，即犹豫度。一般情况下，称 $(\mu_U(x), \nu_U(x))$ 为直觉模糊数。

直觉模糊数包含了决策者对待事物满意的程度（隶属度）、不满意的程度（非隶属度）和不确定的程度（犹豫度）三方面信息，在处理具有较强的模糊性和不确定性问题的时候具有更强的适用性。比如，某专家在对图书馆建设项目的内部配置做评价的时候，用直觉模糊数表达评价结果为（0.7，0.2），这里的 0.7 表示专家对其配置水平满意的程度，0.2 表示专家对其配置水平不满意的程度，犹豫度由 $\pi(x) = 1 - \mu_U(x) - \nu_U(x)$ 计算可知为 0.1；若评价结果为（0.7，0.3），则表示专家对其满意度为 0.7，不满意度为 0.3，不存在犹豫度，此时直觉模糊数退化为一般模糊数。直觉模糊数的提出引起了国内外专家的兴趣。国内外学者对不同直觉模糊数之间的运算法则，以直觉模糊数表示评价结果的信息集结做了广泛的研究。Gorzalczany（1983）基于直觉模糊数提出了一个新的定义，在该定义中，设 (μ, ν) 表示一个直觉模糊数，满足 $\mu + \nu \leq 1$，即 $\mu \leq 1 - \nu$。此时可以得到一个区间数 $[\mu, 1-\nu]$，我们称之为隶属度区间，即决策者满意的程度属于区间 $[\mu, 1-\nu]$，这类区间组成的集合称为区间模糊集。

随着现实问题的逐渐复杂，一般情况下，在对公共项目做相关评价工作时，往往根据多个评价标准进行评价。公众群体参与公共项目的决策过程，同样需要其在不同的评价标准下，给出反映自身观点的评价结果。假设政府在投资建设某项公共项目，有 m 个备选方案组成集合 $X = \{X_1, X_2, \cdots, X_m\}$ 供参与群众进行选择，政府从专家库任意抽调相关领域的专家经过综合考虑之后给出包括 n 个评价标准的评价标准集 $C = \{C_1, C_2, \cdots, C_n\}$，某参与决策的公众在每个评价标准下，对第 i 个备选方案利用直觉模糊数表达其评价结果，综合考虑所有的评价标准和备选方案可得如式（4-1）所示的初始决策矩阵 $A = (a_{ij})_{m \times n} = (\mu_{a_{ij}}, \nu_{a_{ij}})_{m \times n}$：

$$A = \begin{bmatrix} a_{11} & a_{12} & \cdots & a_{1n} \\ a_{21} & a_{22} & \cdots & a_{2n} \\ \vdots & \vdots & \ddots & \vdots \\ a_{m1} & a_{m2} & \cdots & a_{mn} \end{bmatrix} \qquad (4-1)$$

其中，$a_{ij} = (\mu_{a_{ij}}, \nu_{a_{ij}})$，$i \in m$，$j \in n$，为直觉模糊数，表示决策公众考虑第 j 个评价标准，对第 i 个备选方案给出的评价结果，$\mu_{a_{ij}}$ 表示满意的程度（隶属度），$\nu_{a_{ij}}$ 表示不满意的程度（非隶属度）。

鉴于公众的认知差异，本部分先采用包含参与公众态度的，类似百分制的打分法对公共项目决策问题进行评价，再对公众的评价数据进行转化处理，得到严格的基于直觉模糊数的评价结果。

4.2 公众参与公共项目决策结果的数据处理

4.2.1 公众参与公共项目决策结果的表示形式

某个公共项目，经过初步筛选之后，现有 m 个方案进入最终的备选项行列。为了最大限度地考虑公众的偏好，政府通过与专家共同商讨，在满足统计规律的前提下，随机选择 T 个公众以不记名的形式参与此次决策过程。公众需要考虑现有的 n 个评价标准，然后对每个方案发表自己的偏好。

4.2.2 公众决策数据处理方法

如何科学合理地比较所得到的直觉模糊数？Chen 和 Tan（1994）给出了得分函数公式：对于直觉模糊数 $a_{ij}^t = (\mu_{a_{ij}}, \nu_{a_{ij}})$，称 $S(a_{ij}^t) = \mu_{a_{ij}} - \nu_{a_{ij}}$ 为 a_{ij}^t 的得分函数，由直觉模糊数的定义可知，$S(a_{ij}^t)$ 满足 $-1 \leqslant S(a_{ij}^t) \leqslant 1$。举例说明，某个参与决策的公众对方案 1 的满意度为 78 分，不满意度为 10 分，则可以得到直觉模糊数 $a_1 = (0.78, 0.10)$，在同样的评价标准下给出方案 2 的评价结果为 $a_2 = (0.75, 0.15)$。直观上，我们可以得到，该公众在这一评价标准下，对方案 1 的满意度较低，但是不满意度也较低，对方案 2 虽然满意度较高，但是不满意度也较高，遇到这种情况我们便无法对决策结果直接进行比较。此时可以分别计算其得分函数，$S(a_1) = 0.68$，$S(a_2) = 0.60$，通过比较得分函数可知该公众对方案 1 更为满意。

Hong 和 Choi（2000）指出，单凭得分函数有时候无法达到比较不同直觉模糊数的目的，即得分函数也会出现失灵的情况。比如，直觉模糊数 $a_2 = (0.75, 0.15)$，$a_3 = (0.68, 0.08)$，两者的得分函数 $S(a_2) = S(a_3) = 0.60$，但是显然这两个评价的结果是不同的。为了解决这个问题，Hong 和 Choi 给出了基于直觉模糊数的精确函数的定义，对于任意直觉模糊数 $a_i = (\mu_{a_i}, \nu_{a_i})$，称 $H(a_i) = \mu_{a_i} + \nu_{a_i}$ 为其精确函数。根据直觉模糊数的定义可知，$\pi(a_i) = 1 - \mu_{a_i} + \nu_{a_i} = 1 - H(a_i)$，而 $\pi(a_i)$ 表示犹豫度，故而 $H(a_i)$ 本质上表示的是非犹豫度。对于 $a_2 = (0.75, 0.15)$，$a_3 = (0.68, 0.08)$，可以计算其精确函数值 $H(a_2) = 0.9$，$H(a_3) = 0.76$，因此可以判断 $a_2 > a_3$。

综上分析，徐泽水（2007）给出了关于不同直觉模糊数 a_1 和 a_2 的比较方法：

如果 $S(a_1) < S(a_2)$，则有 $a_1 < a_2$，表示直觉模糊数 a_1 小于 a_2；

如果 $S(a_1) > S(a_2)$ 则有 $a_1 > a_2$，表示直觉模糊数 a_1 大于 a_2；

如果 $S(a_1) = S(a_2)$，则若 $H(a_1) < H(a_2)$，有 $a_1 < a_2$，表示直觉模糊数 a_1 小于 a_2；若 $H(a_1) > H(a_2)$，有 $a_1 > a_2$，表示直觉模糊数 a_1 大于 a_2；如果 $H(a_1) = H(a_2)$，有 $a_1 \sim a_2$，表示 a_1 与 a_2 等价。

4.2.3　公众决策数据差异度的计算方法

在多准则决策的理论研究及实践应用中，往往会遇到如何计算不同的模糊数之间区别度的问题。正如本章在 4.4.2 节模型构建的过程中，需要计算不同直觉模糊数之间的距离，以考察评价标准的区别能力，从而为其加权。参考徐选华和陈晓红（2005）的相关研究，接下来引入几个应用性较广的距离计算公式，将其作为构建公众参与决策模型的理论基础。设 α 和 β 为任意两个直觉模糊数，分别定义在论域 A 和 B 上，令 $A = \{\alpha_1, \alpha_2, \cdots, \alpha_n\}$，$B = \{\beta_1, \beta_2, \cdots, \beta_n\}$，$\alpha = (\mu_\alpha(x_i), \nu_\alpha(x_i))$，$\beta = (\mu_\beta(x_i), \nu_\beta(x_i))$，$\alpha \in A$，$\beta \in B$，$A, B \subset X$，$X = \{x_1, x_2, \cdots, x_n\}$。可得到汉明（Hamming）距离 $h(\alpha, \beta)$：

$$h(\alpha, \beta) = \sum_{i=1}^{n} (|\mu_A(x_i) - \mu_B(x_i)| + |\nu_A(x_i) - \nu_B(x_i)|) \qquad (4-2)$$

标准 Hamming 距离 $Nh(\alpha, \beta)$：

$$Nh(\alpha, \beta) = \frac{1}{n} \sum_{i=1}^{n} (|\mu_A(x_i) - \mu_B(x_i)| + |\nu_A(x_i) - \nu_B(x_i)|) \qquad (4-3)$$

基于 Hamming 距离，给出直觉模糊集的加权距离公式：

$$IFWD(\alpha, \beta) = \left[\sum_{j=1}^{n} w_j(|\mu_A(x_j) - \mu_B(x_j)| + |\nu_A(x_j) - \nu_B(x_j)|)^\lambda \right]^{\frac{1}{\lambda}} \qquad (4-4)$$

其中，$w_j \in W$，$W = \{w_1, w_2, \cdots, w_n\}$ 为公众在决策过程中需要考虑的评价标准集所应用的权重向量。

当 $\lambda = 1$ 时，则该距离公式退化为加权 Hamming 距离：

$$IFWD(\alpha, \beta) = \sum_{j=1}^{n} w_j(|\mu_A(x_j) - \mu_B(x_j)| + |\nu_A(x_j) - \nu_B(x_j)|) \qquad (4-5)$$

此时若权重向量 $W = \left\{ \frac{1}{n}, \frac{1}{n}, \cdots, \frac{1}{n} \right\}$，则式（4-4）进一步退化为标准化加权 Hamming 距离：

$$IFWD(\alpha, \beta) = \left[\sum_{j=1}^{n} \frac{1}{n} (|\mu_A(x_j) - \mu_B(x_j)| + |\nu_A(x_j) - \nu_B(x_j)|)^\lambda \right]^{\frac{1}{\lambda}}$$

$$(4-6)$$

当 $\lambda = 2$ 时，直觉模糊加权距离退化为加权欧氏距离。

$$IFWD(\alpha, \beta) = \left[\sum_{j=1}^{n} w_j (|\mu_A(x_j) - \mu_B(x_j)| + |\nu_A(x_j) - \nu_B(x_j)|)^2 \right]^{\frac{1}{2}} \qquad (4-7)$$

此时若权重向量 $W = \left\{ \frac{1}{n}, \frac{1}{n}, \cdots, \frac{1}{n} \right\}$，则进一步退化为标准化加权欧氏距离：

$$IFWD(\alpha, \beta) = \left[\sum_{j=1}^{n} \frac{1}{n} (|\mu_A(x_j) - \mu_B(x_j)| + |\nu_A(x_j) - \nu_B(x_j)|)^2 \right]^{\frac{1}{2}} \qquad (4-8)$$

Szmidt 和 Kacprzyk（2000）提出需要进一步考虑其犹豫度 $\pi = 1 - \mu(x) - \nu(x)$，从而给出以下不同决策者的距离公式：

Hamming 距离 $h(\alpha, \beta)$：

$$\tilde{h}(\alpha, \beta) = \sum_{i=1}^{n} (|\mu_A(x_i) - \mu_B(x_i)| + |\nu_A(x_i) - \nu_B(x_i)| + |\pi_A(x_i) - \pi_B(x_i)|)$$

$$(4-9)$$

标准 Hamming 距离 $Nh(\alpha, \beta)$：

$$\widetilde{Nh}(\alpha, \beta) = \frac{1}{n} \sum_{i=1}^{n} (|\mu_A(x_i) - \mu_B(x_i)| + |\nu_A(x_i) - \nu_B(x_i)| +$$

$$|\pi_A(x_i) - \pi_B(x_i)|) \tag{4-10}$$

直觉模糊集的加权距离公式：

$$\widetilde{IFWD}(\alpha, \beta) = \Big[\sum_{j=1}^{n} w_j (|\mu_A(x_j) - \mu_B(x_j)| + |\nu_A(x_j) - \nu_B(x_j)| +$$

$$|\pi_A(x_i) - \pi_B(x_i)|)^{\lambda} \Big]^{\frac{1}{\lambda}} \tag{4-11}$$

其中，$w_j \in W$，$W = \{w_1, w_2, \cdots, w_n\}$ 为公众在决策过程中需要考虑的评价标准集所应用的权重向量。

根据精确函数 $H(a_i) = \mu_{a_i} + \nu_{a_i}$ 和得分函数 $S(a_i) = \mu_{a_i} - \nu_{a_i}$ 的意义，我们进一步考虑两者对不同直觉模糊数之间距离的影响，因而尝试将两者加入距离公式的计算之中。

$$\begin{aligned} |H_A(x_i) - H_B(x_i)| &= |(1 - \mu_A(x_i) - \nu_A(x_i)) - (1 - \mu_B(x_i) - \nu_B(x_i))| \\ &= |(1 - H_A(x_i)) - (1 - H_B(x_i))| \\ &= |\pi_A(x_i) - \pi_B(x_i)| \end{aligned} \tag{4-12}$$

$$\begin{aligned} |S_A(x_i) - S_B(x_i)| &= |(\mu_A(x_i) - \nu_A(x_i)) - (\mu_B(x_i) - \nu_B(x_i))| \\ &= |\mu_A(x_i) - \nu_A(x_i) - \mu_B(x_i) + \nu_B(x_i)| \\ &= |\mu_A(x_i) - \mu_B(x_i) + \nu_B(x_i) - \nu_A(x_i)| \end{aligned} \tag{4-13}$$

显然，$|\mu_A(x_i) - \mu_B(x_i) + \nu_B(x_i) - \nu_A(x_i)|$ 与 $|\mu_A(x_i) - \mu_B(x_i)| + |\nu_A(x_i) - \nu_B(x_i)|$ 不总是相等。进而我们给出以下考虑得分函数的距离公式：

Hamming 距离 $h(\alpha, \beta)$：

$$\bar{h}(\alpha, \beta) = \sum_{i=1}^{n} (|\mu_A(x_i) - \mu_B(x_i)| + |\nu_A(x_i) - \nu_B(x_i)| + |\pi_A(x_i) - \pi_B(x_i)| +$$

$$|S_A(x_i) - S_B(x_i)|) \tag{4-14}$$

标准 Hamming 距离 $Nh(\alpha, \beta)$：

$$\overline{Nh}(\alpha, \beta) = \frac{1}{n} \sum_{i=1}^{n} (|\mu_A(x_i) - \mu_B(x_i)| + |\nu_A(x_i) - \nu_B(x_i)| +$$

$$|\pi_A(x_i) - \pi_B(x_i)| + |S_A(x_i) - S_B(x_i)|) \tag{4-15}$$

直觉模糊集的加权距离公式：

$$\widetilde{IFWD}(\alpha, \beta) = \Big[\sum_{j=1}^{n} w_j (|\mu_A(x_j) - \mu_B(x_j)| + |\nu_A(x_j) - \nu_B(x_j)| +$$

$$|\pi_A(x_i) - \pi_B(x_i)| + |S_A(x_i) - S_B(x_i)|)^{\lambda} \Big]^{\frac{1}{\lambda}} \tag{4-16}$$

其中，$w_j \in W$，$W = \{w_1, w_2, \cdots, w_n\}$ 为公众在决策过程中需要考虑的评价标准集所应用的权重向量。

4.3　大群体聚类方法分析

4.3.1　矢量空间下的大群体聚类

徐选华和陈晓红（2005）提出了欧氏空间中偏好矢量的定义，并进一步给出了基于直觉模糊数的，关于多目标、多准则的群体决策矩阵的定义。在 n 维欧几里得空间 E^n 中，T 个决策成员组成了一个群体 Ω，设有 s 个备选项和 m 个评价标准，则称决策向量 $V^k = (v_{ij}^k)_{1 \times m}$ 为第 k 个决策者对第 i 个备选方案在所有评价标准下给出的初始评价结果；接着这个决策者需要对所有备选方案给出评价结果，进而可以得到关于这个决策者的决策矩阵，若考虑用直觉模糊数表示决策者的评价结果，则可得到 4.1 节介绍的初始决策矩阵。徐选华和陈晓红（2005）指出群体中决策成员的三种思维模式：第一，所有决策成员以相同的思维模式进行评价；第二，决策成员之间的思维虽然有差别，但是都可以归为某个同类群体；第三，在群体内部有聚集的子群体。

前两种情况的研究价值较低，在公众参与公共项目决策或者评价的情境下，公众属于典型的大群体，故而第三种情况是很容易出现的。在第三种模式中，假设群体 Ω 内部有 t 个子群体，第 k 个子群体 o_k 有 n_k 个决策成员，则有 $\sum_{k=1}^{t} n_k = T$，T 为群体 Ω 中所有成员的个数，其中，$1 \leqslant t \leqslant T$。需要确定引入取值范围满足 $0 \leqslant \gamma \leqslant 1$ 的阈值 γ，作为对群体 Ω 中决策成员进行聚类依据的相似度的临界值。在同一评价标准下，当某个备选项的不同评价结果之间的相似度大于阈值时，可以将其归为一类决策数据进行处理。

在对公众进行聚类时，我们主要以决策成员是否给出相似的评价结果为出发点，所以这里采用胡立辉和罗国松（2007）提出的描述方法，将徐选华等（2014）的文章中的"相关度"用"相似度"替换。对于本章研究涉及的多个备选方案，一般会首先对不同评价标准下的决策信息进行加权集结，然后对所有方案的评价结果做整体考虑，之后再进行聚类分析。结合文献（徐选华和陈晓红，2005；Szmidt 和 Kacprzyk，2000；徐选华等，2014；胡立辉和罗国松，2007）对"相关度""相似度"的定义，给出以下关于本部分涉及的相似度的定义。

定义 4.1　在 $m \times n$ 维线性空间 $E^{m \times n}$ 中，称评价矩阵 u 和 v 的相似度 $\rho(u, v) = \dfrac{|u - \bar{u}| \cdot |v - \bar{v}|^T}{\|u - \bar{u}\|_2 \cdot \|v - \bar{v}\|_2}$ 为两者的相似度。其中，$\bar{v} = (\bar{v_1}, \bar{v_2}, \cdots, \bar{v_m})^T$，$\bar{v_i} = \dfrac{1}{n} \sum_{j=1}^{n} v_{ij}$ 表示

由矢量 v_{ij} 组成的矢量集的均值矢量，与 $\bar{u}$ 的定义相同；$\|\ \|$ 表示取绝对值；$\|v_i\|_2$ 表示求 n 维欧氏空间的向量 $v_i = (v_{i1}, v_{i2}, \cdots, v_{in})$ 2-范数；类似地，可以计算矩阵的范数 $\|v\|_2 = \left(\sum\limits_{i=1}^{m} \sum\limits_{j=1}^{n} |v_{ij}|^2 \right)^{\frac{1}{2}}$，点积运算 $u \cdot v = \sum\limits_{i=1}^{n} \sum\limits_{j=1}^{n} u_{ij} v_{ij}$。$\bar{v}$ 与决策矩阵集合 V 的相似度 $\rho(v, V) = \dfrac{1}{T} \sum\limits_{t=1}^{T} \rho(v, v^t)$，$v^t \in V$，$T$ 为决策矩阵集合中所有元素的个数，$1 \leqslant t \leqslant T$，$T \geqslant 2$，称矢量集 V 内部所有矢量之间相似度的平均值 $\rho(v, V) = \dfrac{1}{C_T^2} \sum\limits_{1 \leqslant i < j \leqslant T} \rho(v^i, v^j)$ 为聚类的一致性程度，其中，$C_T^2 = \dfrac{T(T-1)}{2}$，若 $T = 1$，则直接令 $\rho(V) = 0$。

4.3.2 基于计算实验的大群体聚类

计算实验对模拟人们的社会行为有着重要意义（Chen 等，2015；Bašič 等，2015）。根据定义 4.1，本节将提出基于计算实验的大群体聚类方法，并利用计算实验模拟软件对其进行计算和仿真模拟，这里需要根据聚类步骤编码相应的计算程序，最终输出聚类的具体结果。在对公众群体进行聚类结果分析时，徐选华等（2014）只是以一致性的概念和公式衡量标准的不同，同时输出每次演化结果的平均一致性和标准一致性。平均一致性是指每个聚类内部一致性的平均值，与统计学中平均值含义相似，考察的是每个聚类一致性的平均水平，具体的计算方法与平均值的计算方法相同。标准一致性是指每个聚类内部一致性与平均一致性的偏差情况，与统计学中的标准差意义相同，具体的计算方法与标准差的计算方法相同。

具体的仿真数据处理过程包括以下内容：首先，确定阈值，将数据导入计算模型；其次根据接下来给出的具体步骤对数据进行聚类；再次，输出聚类的数目和每个聚类包含的成员序号，平均一致性，标准一致性；最后，在演化过程相对稳定时，停止程序。之后选择聚类结果相对稳定的时间段对得到的结果进行数据分析，以最终确定取何种阈值，在该阈值下的最优聚类数目，具有最优聚类数目的具体的聚类结果。

根据不同矢量之间的相似度计算公式，可以对大群体中的成员进行聚类，从而可以在该群体中形成不超过群体所含成员总数的子群体。在具体的聚类过程中，有一个重要的临界值，即满足 $0 \leqslant \gamma \leqslant 1$ 的相似度阈值 γ，它决定了某个子群体之外的成员是否可以被分配给这个子群体。在公共项目评价决策的过程中，可以通过下面的算法计算不同参与成员之间的相似度，从而将评价结果相似度高的成员分入一个子群体，再对子群体的评价数据进行深入的集成处理。具体的步骤如下所示：

Step 1 确定群体 Ω，将其中成员给出的评价向量随机排序之后，按 $1\sim T$ 顺次标号，构成一个集合 Ψ；与此同时，令 Q 表示一个临时集合，初始设置为空集。

Step 2 根据需求确定阈值 γ，这里需注意取值范围 $0\leqslant\gamma\leqslant 1$。

Step 3 令初始聚集个数 $k=1$，从集合 Ψ 中选取评价向量序号为 $i=1$ 的向量。

Step 4 从 Ψ 中按编号顺序选取向量 V^i，将其放入聚类 Ω_k 中，此时聚类 Ω_k 中的决策成员数目为 $n_k=1$。

Step 5 若集合 Ψ 非空，则从其中顺次选取下一个向量 V^i，$i=i+1$；如果集合 Ψ 为空，则转至 Step 7。

Step 6 计算 V^i 与聚类 Ω_k 中向量组成的集合的相似度 $\rho(V^i,\Omega_k)$，若 $\rho(V^i,\Omega_k)>\gamma$，则将 V^i 分配于聚类 Ω_k 中；若 $\rho(V^i,\Omega_k)\leqslant\gamma$，则将其暂时分配于临时集合 Q 中，与此同时，需要从集合 Ψ 中移除 V^i，转至 Step 5。

Step 7 若 Q 非空，则令集合 $\Psi=Q$；Q 为空集，此时聚类的计数为 $k=k+1$，转至 Step 4；经过 Step 4 后 Q 仍为空集，则转至 Step 8。

Step 8 输出聚类结果，计算结束。

4.4 基于直觉模糊数和聚类法的大群体决策方法

4.4.1 参与公共项目决策的公众群体加权原则

本部分重点研究公众参与公共项目的多准则大群体决策。首先，在决策者的选取上，要根据具体的公共项目所涉及的范围，随机选取与其相关的社会公众，需要注意选择的公众代表在范围上要涵盖不同年龄、学历、工作等，在人数上需要达到一定的数目，如 100 人甚至更多。其次，在做决策信息集成之前，由于公众在认知水平上存在较大差异，初始的决策结果难免会有各种信息问题，因此需要首先对公众的初始决策结果进行预处理，将不合格的评价信息删除。最后，利用决策模型进行信息集成和排序等。

在参与决策过程的公众的权重方面，政府要秉承以人为本的原则，对参与公众采取均等赋权。若后期具体的公共项目所面向的主要对象不同，政府可以考虑对重点人群的权重进行一定的调控，即考虑政府在一些公众项目上对公众的期望，如一些有针对性的公共文化项目需要考虑主要受众的态度。

4.4.2 公众参与公共项目评价标准权重的确定

在构建评价标准权重计算模型之前，对模型中使用的符号做以下说明：

$X=\{X_1, X_2, \cdots, X_m\}$ 为公共项目的备选方案集或者待评价方案集，m 表示评价标准的个数。

$C=\{C_1, C_2, \cdots, C_n\}$ 为公众做评价决策时需要考虑的评价标准集，n 表示评价标准的个数。

$W=\{w_1, w_2, \cdots, w_n\}$ 为公众做评价决策时需要考虑的评价标准集所应用的权重向量。

$\Omega=\{D_1, D_2, \cdots, D_T\}$ 为参与决策的所有公众群体组成的集合，T 表示所有参与决策的公众数量。

考虑评价标准对备选方案评价结果精确度的影响，根据公众的决策信息对其进行加权。对备选方案给出更高精确度的评价标准可以赋予更高的权重，对备选方案给出较低精确度的评价标准需要赋予较低的权重。参与决策的公众 $D_t(t=1, 2, \cdots, T)$ 基于评价标准 $C_j(j=1, 2, \cdots, n)$ 对公共项目的备选方案 $X_i(i=1, 2, \cdots, m)$ 给出用直觉模糊数表示的评价结果 $A^t=(a_{ij})_{m \times n}^t=(\mu_{a_{ij}}, \nu_{a_{ij}})_{m \times n}^t$。由得分函数的定义可知，如果某个备选方案 X_i 在评价标准 C_j 下的得分函数值 $S(a_{ij}^t)$ 越高，则说明在评价标准 C_j 下，方案 X_i 越优。由精确函数的定义可知，$H(a_{ij}^t)$ 的值越高则决策者的犹豫度越低，即评价标准 C_j 下决策者可以更准确地给出自己的评价结果。从公众给出的评价结果所包含信息的精确度这个角度出发，可构建模型 M_1：

$$\begin{cases} \max f_1(w) = \sum_{i=1}^{m} \sum_{j=1}^{n} w_j \left| \dfrac{S(a_{ij})}{S(a_{ij}-H(a_{ij}))} \right| \\ \text{s. t.} \sum_{j=1}^{n} w_j = 1 \\ 0 \leq w_j \leq 1 \end{cases}$$

接下来考虑评价标准区别度对其进行加权。对于 m 个公共项目的备选方案，如果决策者在某一个评价标准 C_j 下，给出的评价结果之间差异性小，说明该评价标准区别备选方案的能力较弱，应赋予较低的权重；如果决策者在评价标准 C_j 下，给出的评价结果之间差异性大，说明该评价标准区别备选方案的能力较强，应赋予较高的权重。因此由式（4-16）中 $\lambda=2$ 可以得到加权的欧氏距离公式。

$$d(\alpha, \beta) = \left[\sum_{j=1}^{n} w_j (|\mu_A(x_j) - \mu_B(x_j)| + |\nu_A(x_j) - \nu_B(x_j)| + \right.$$

$$\left. |\pi_A(x_i) - \pi_B(x_i)| + |S_A(x_i) - S_B(x_i)|)^2 \right]^{\frac{1}{2}} \tag{4-17}$$

由式（4-17）可以计算直觉模糊数之间差异程度的距离公式 $d(a_{ij}, a_{kj})$，从评价标准区别能力的角度出发构建模型 M_2：

$$\begin{cases} \max f_2(w) = \sum_{i=1}^{m} \sum_{j=1}^{n} \sum_{1 \le i \le k \le n} w_j d(a_{ij}, a_{kj}) \\ \text{s. t.} \sum_{j=1}^{n} w_j = 1 \\ 0 \le w_j \le 1 \end{cases}$$

综合评价结果精确度和评价标准区别度两个方面，考虑其对权重分配的影响，引入调节系数 α，构建模型 M_3：

$$\begin{cases} \max f_1(w) = \alpha f_1(w) + (1-\alpha) f_2(w) \\ \text{s. t.} \sum_{j=1}^{n} w_j = 1 \\ 0 \le w_j \le 1 \\ 0 \le \alpha \le 1 \end{cases}$$

其中，α 表示决策者预先给定的调节系数。下面通过构造拉格朗日辅助函数 $L(w, \lambda)$ 来对模型 M_3 进行求解：

$$L(w, \lambda) = f(w) + \lambda \left(\sum_{j=1}^{n} w_j - 1 \right) \tag{4-18}$$

对 w_j 和 λ 求偏导，同时令：

$$\begin{cases} \dfrac{\partial L}{\partial w} = \sum_{i=1}^{m} \left[\alpha w_j \left| \dfrac{S(a_{ij})}{S(a_{ij}) - H(a_{ij})} \right| + \sum_{1 \le i \le k \le n} (1-\alpha) d(a_{ij}, a_{kj}) \right] + \lambda = 0 \\ \dfrac{\partial L}{\partial w} = \sum_{j=1}^{n} w_j - 1 = 0 \end{cases}$$

$$\tag{4-19}$$

解得：

$$w_j = \frac{\sum_{i=1}^{m} \left[\alpha \left| \dfrac{S(a_{ij})}{S(a_{ij}) - H(a_{ij})} \right| + \sum_{1 \le i \le k \le n} (1-\alpha) d(a_{ij}, a_{kj}) \right]}{\sum_{j=1}^{n} \sum_{i=1}^{m} \left[\alpha \left| \dfrac{S(a_{ij})}{S(a_{ij}) - H(a_{ij})} \right| + \sum_{1 \le i \le k \le n} (1-\alpha) d(a_{ij}, a_{kj}) \right]} \tag{4-20}$$

4.4.3 公众参与下公共项目决策模型的构建

TOPSIS 法是 Hwang 和 Yoon（1981）首次提出的，最初是为了解决只有一个决策者时的多准则决策问题，其核心思想是选择满足最接近正理想解、最远离负理想解的方案。南江霞等（2008）对 Hwang 和 Yoon（1981）提出的 TOPSIS 法予以拓展，将其应用在基于直觉模糊集的多准则决策问题上，并给出了相应的多准则决策方法；但是文章并未对评价标准的类型进行明确区别，效益型标准和成本型标准下的正负理想显然是有区别的，陕振沛等（2016）在决策步骤中，对评价标准的类型做了明确区分。由于 TOPSIS 法易于理解，且操作性强，自提出之后就获得许多学者的青睐。本部分也使用 TOPSIS 法的思想，对公共项目的备选方案排序。与已有研究不同的是，本章将基于 4.2.3 节提出的考虑得分函数的加权欧氏距离公式，计算每个备选项的决策结果与正负理想的距离，以期提高对决策信息科学处理的效率。

公众参与公共项目决策是一个多准则群决策问题，下面的步骤中涉及的决策矩阵是经过决策数据信息集成、聚类分析等处理之后得到的决策矩阵，记为 $B = (b_{ij})_{m \times n}$，$b_{ij} = (\mu_{b_{ij}}, \nu_{b_{ij}})$ 为直觉模糊数，表示在评价标准 C_j 下对方案 X_i 的评价结果。具体步骤如下：

Step 1　在每个评价标准 C_j 下，确定正理想解 $b_j^+ = (\mu_{b_j^+}, \nu_{b_j^+})$，负理想解 $b_j^- = (\mu_{b_j^-}, \nu_{b_j^-})$，其中：

$$b_j^+ = \begin{cases} (\max \mu_{b_{ij}}, \ \min \nu_{b_{ij}}), \ j \in J_1 \\ (\min \mu_{b_{ij}}, \ \max \nu_{b_{ij}}), \ j \in J_2 \end{cases} \tag{4-21}$$

$$b_j^- = \begin{cases} (\min \mu_{b_{ij}}, \ \max \nu_{b_{ij}}), \ j \in J_1 \\ (\max \mu_{b_{ij}}, \ \min \nu_{b_{ij}}), \ j \in J_2 \end{cases} \tag{4-22}$$

其中，J_1 表示效益型评价指标集，J_2 表示成本型评价指标集。

Step 2　计算公共项目的每个备选方案到由式（4-21）和式（4-22）得出的正理想方案和负理想方案的距离，本步骤将使用 4.2.3 节中给出的考虑得分函数的加权欧氏距离公式完成。

Step 3　计算每个方案到正理想解的距离：

$$d_i^+ = \Big[\sum_{j=1}^{n} w_j \big(|\mu_i(x_j) - \mu_{b_j^+}| + |\nu_i(x_j) - \nu_{b_j^+}| + |\pi_i(x_i) - \pi_i(d^+)| + |S_i(x_i) - S_i(d_i^+)| \big)^2 \Big]^{\frac{1}{2}}$$

$$\tag{4-23}$$

计算每个方案到负理想解的距离：

$$d_i^- = \left[\sum_{j=1}^{n} w_j (|\mu_i(x_j) - \mu_{b_j^-}| + |\nu_i(x_j) - \nu_{b_j^-}| + |\pi_i(x_i) - \pi_i(d_i^-)| + |S_i(x_i) - S_i(d_i^-)|)^2 \right]^{\frac{1}{2}}$$

（4-24）

Step 4 计算综合距离：

$$R_i = \frac{d_i^-}{d_i^- + d_i^+}$$

（4-25）

其中，$i = 1, 2, \cdots, m$ 表示备选方案的数量。根据 TOPSIS 法的思想以及距离 d_i^+ 和 d_i^- 的含义可知，R_i 的数值越大，则方案 X_i 越优，反之则越劣。因此，可以根据综合距离对备选的公共项目方案进行排序和择优选择。

4.5 公众参与公共项目决策步骤

Step 1 政府相关部门同专家组一起初步确定备选方案集 X，评价标准体系 C，并在满足统计规律的前提下，选择 T 名参与公共项目决策过程的公众。

Step 2 按照 4.1 节给出的方法，引导参与公共项目的公众群体根据各自的真实态度给出初始的决策结果，经过合理性筛选之后得到初始决策矩阵 A_t，$t = 1, 2, \cdots, T$。

Step 3 根据 4.3.2 节给出的基于相似度的大群体聚类步骤对初始决策数据进行聚类处理。

Step 4 应用 4.4.1 节的加权原则对参与公共项目决策过程的公众群体做个体加权。将聚类之后的数据利用类内信息集结，得到反映每一个子群体评价态度的决策数据。

Step 5 根据由 Step 4 所得的聚类之后的决策数据，应用 4.4.2 节构建的加权模型计算评价标准权重，并利用式（4-20）得到评价标准的具体权重。

Step 6 利用 4.2.3 节给出的方法，先由式（4-21）和式（4-22）找到备选方案评价结果的正理想解、负理想解，并应用式（4-23）和式（4-24）计算备选方案的评价结果到正理想解、负理想解的距离，最后代入式（4-25）得到公共项目多准则决策模型，并对备选方案进行排序。

Step 7 输出最终的排序结果，并对决策过程及结果做总结分析。

Step 8 结束。

4.6 案例分析

由公共项目的定义可知，该类项目涉及主体众多，本案例以其中的公共文化项目建设为例，说明公众参与公共项目的大群体决策方法的有效性。2017年3月1日，我国正式颁布实施了《中华人民共和国公共文化服务保障法》，该法的施行充分说明我国政府对公共文化事业的重视程度提升到了法律的高度。公共文化项目是公共项目中几乎和所有社会公众有关系的一类，属于典型的政府主导进行建设的公共产品。与私人产品只考虑为其支付费用的成员相比，公共产品是免费或者低价面向全体社会成员的，公共文化设施作为非常典型的公共产品，它的建设同样需要考虑社会整体成员的需求。公共项目建设前期做好决策工作对未来的管理和运营工作可以起到事半功倍的效果。宏观上，国家鼓励建设造福社会的公共文化设施，并且出台了一些公共文化设施的建设标准，为地方政府的建设工作提供了指导方向。微观上，我们需要走近社会群众，通过实证调研来更进一步倾听公众的心声。

近几年数字科技发展势头迅猛，整个社会的数字化应用程度普遍提高。博物馆作为传统公共文化设施的三馆之一，其数字化建设的需求日趋强烈。现代博物馆的管理理念表明，博物馆不只是一个静物存放场所，它还承担着为人们的社会生活服务的责任。博物馆面对习惯数字化生活的人们，要逐步引入互联网思维，采用数字技术与智慧管理，以大数据为依托，将自己变为可供社会公众接受和喜爱的信息时代下的公共文化服务机构。在这个大背景下，如何让博物馆的静物动起来，让藏品背后的故事活起来？比如，上海博物馆官网推出了一个名为"每月一珍"的栏目，顾名思义，就是每个月会推出一件珍贵藏品，通过多角度的全景展示，从展品的使用、制作、流传、存在背景等各个方面进行介绍。再比如，南京博物院、故宫端门数字馆将数字资源作为主角展出。但是这些展览形式、展览内容，以及其他相关的活动形式和内容，其提出和规划的目的是给公众带来新奇且有意义的公共文化服务。为此，在这些公共项目制定之初，引入公众参与对项目的实施和管理有着重要意义。例如，我国中部某市为了增加其市属博物馆的活力，拟结合数字化博物馆的理念，对博物馆进行内部设备的整改。博物馆内专业管理人员和地方政府经过分析讨论之后，给出了五套整改方案和包含五个核心标准的评价指标体系。在满足统计原则的前提下，在市区范围随机抽选 100 名公众代表，根据评价标准对备选方案进行评价，具体方法如下：

Step 1~2   在对该博物馆内部数字化整改方案经过初步筛选之后，现有 m 个方案进入最终的备选项行列。为了最大程度地考虑公众的偏好，政府通过与专家共同商讨之后，在满足统计规律的前提下，随机选择 T 个公众以不记名形式参与此次决策过程。

公众需要按照 4.2.1 节给出的表示形式对备选方案进行评价打分，以编号 1 的公众 T_1 给出的评价结果为例，总共得到 100 个初始打分结果作为之后决策过程的数据基础，如表 4-1 所示。

表 4-1 公众参与公共项目的打分结果示例

T_1	C_1		C_2		C_3		C_4		C_5	
方案	是	否	是	否	是	否	是	否	是	否
1	85	10	65	35	75	20	80	10	45	40
2	80	16	75	15	80	15	85	14	78	20
3	70	20	70	20	85	10	76	16	84	10
4	95	0	80	10	80	13	84	13	74	15
5	60	25	65	25	65	23	62	36	68	20

公众需要考虑现有的评价标准 n，然后对每个方案给出自己的态度。在标准 $C_j(j \in n)$ 下，对所评价的某个方案 $X_i(i \in m)$，第 t 个公众给出的评价结果用 $b_{ij}^t = (u_{a_{ij}^t}, v_{a_{ij}^t})$ 表示，$u_{a_{ij}^t}$ 表示公众对该项目的满意程度，$v_{a_{ij}^t}$ 表示公众对其不满意的程度；以 100 分为满分表示满意度最大，0 分为最低分，表示满意度最小。在实际操作的过程中，必须强调一点：$u_{a_{ij}^t}$ 和 $v_{a_{ij}^t}$ 之和不能超过 100 分。如果出现只给出 $u_{a_{ij}^t}$ 和 $v_{a_{ij}^t}$ 中一个的，可通过计算得到；如果出现评价结果 $u_{a_{ij}^t}$ 和 $v_{a_{ij}^t}$ 之和大于 100 的，则可以考虑舍去该评价结果。对于收到的数据 $b_{ij}^t = (u_{a_{ij}^t}, v_{a_{ij}^t})$，令 $\mu_{ij}^t = u_{a_{ij}^t}/100$ 和 $\nu_{ij}^t = v_{a_{ij}^t}/100$，则可以得到满足条件的直觉模糊数 $a_{ij}^t = (\mu_{a_{ij}}, \nu_{a_{ij}})$。对得到的 100 个数据进行初步处理之后，删除 4 个不合格的数据，得到 96 个满足要求的初始决策数据。

Step 3 根据 4.3.2 节给出的基于相似度的大群体聚类法对初始决策数据进行聚类处理。

由图 4-1 可知，令阈值 = 0.70，将其代入到聚类模型，并利用计算软件 Netlogo 多次计算，演化稳定时聚类个数一般为 2 个，且高达 98% 的结果聚为一类，即只有两个结果没有聚类到这个大类中，这样得到的聚类结果是没有太大的参考意义的。在一致性方面，具有较高的平均一致性数值，也反映了类内区别度比较低，无法对评价结果进行较好的区别度分析和各类权重加权等。因此，此处需要提高阈值。

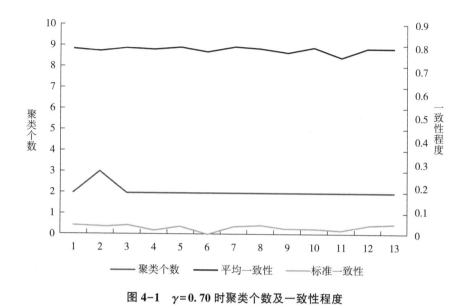

图 4-1 γ=0.70 时聚类个数及一致性程度

比较图 4-2 给出的聚类个数，阈值 γ=0.80 或 γ=0.81 时，聚类个数为 5，并且没有出现只包含 3 个及以内成员的聚类，这说明阈值取 0.80 或 0.81 是比较好的聚类结果，接下来将重点分析这两个阈值的区别。

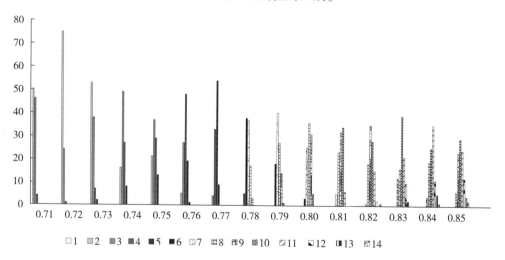

图 4-2 不同阈值下的聚类个数

比较阈值 γ=0.80 与 γ=0.81，分别如图 4-3 和图 4-4 所示，两者聚类个数种类都是 5 个，其中聚类个数最少的是 6 类或者 7 类，由图 4-4 可以看出当 γ=

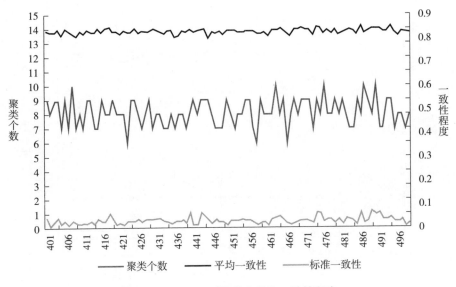

图 4-3 $\gamma = 0.80$ 时聚类个数和一致性程度

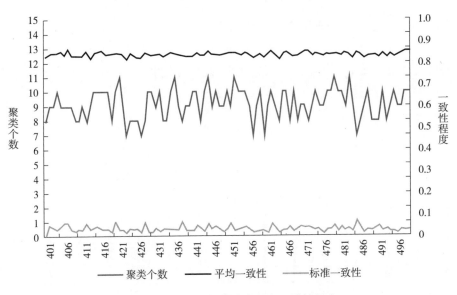

图 4-4 $\gamma = 0.81$ 时聚类个数和一致性程度

0.81 时，聚类的种类个数分布更为均匀，稳定性更高。$\gamma = 0.70 \sim 0.85$ 的其余聚类及一致性程度详见附录 2。根据演化所得的聚类数据，首先考虑每个类内包含的成员个数，并同时考虑其平均一致性和标准一致性情况，得到阈值取 0.81 时，聚类结果更好。其次将聚类结果按照平均一致性由高到低排列，综合考虑标准一致性，如表4-2所示。可以得出第485次演化所得的聚类结果最优，结果如表4-3所示。因此，根据此次聚类结果进行聚类。

表4-2　γ=0.81时聚类结果分析

演化次数	聚类个数	平均一致性	标准一致性
485	7	0.8462	0.0699
427	7	0.8255	0.0192
457	7	0.8229	0.0154
460	7	0.8216	0.0230
423	7	0.8172	0.0173

表4-3　第485次演化结果

聚类	成员个数	成员序号	一致性
1	54	1，3，4，5，6，7，12，13，14，15，18，19，20，21，24，25，27，28，29，31，32，36，39，40，42，43，44，49，50，51，57，59，61，63，64，66，67，68，70，76，78，80，82，86，87，89，91，92，93，94，95，96，98，99	0.8349
2	12	2，22，26，45，54，56，60，71，73，84，88，97	0.8549
3	11	23，34，47，48，52，53，65，77，79，83，85	0.8251
4	7	30，38，72，74，75，81，90	0.8194
5	5	9，10，55，62，69	0.7710
6	5	8，16，17，33，41	0.8241
7	2	11，37	0.9938

Step 4　应用4.4.1节的加权原则对参与公共项目决策过程的公众群体做聚类内部的信息加权。根据第485次演化结果，对公众的初始决策矩阵进行分类。由于表4-3中的第7类只有两个成员，且一致性高达99.38%，因此将其删除，只剩下6类，对每个聚类内部成员的评价结果取均值，得到如表4-4所示的初始决策结果。

表4-4 聚类之后不同标准下的成员满意度和不满意度

		聚类1	聚类2	聚类3	聚类4	聚类5	聚类6
标准1	满意度	0.798	0.773	0.767	0.751	0.695	0.759
	不满意度	0.173	0.169	0.170	0.191	0.226	0.162
标准2	满意度	0.736	0.738	0.744	0.726	0.679	0.728
	不满意度	0.194	0.191	0.180	0.180	0.198	0.202
标准3	满意度	0.788	0.801	0.797	0.794	0.733	0.793
	不满意度	0.157	0.140	0.159	0.157	0.190	0.160
标准4	满意度	0.759	0.771	0.763	0.753	0.709	0.756
	不满意度	0.191	0.174	0.194	0.204	0.230	0.190
标准5	满意度	0.757	0.766	0.767	0.752	0.692	0.761
	不满意度	0.180	0.176	0.171	0.182	0.250	0.180

进而得到以下 6×5 阶的初始决策矩阵 A_1，表示有 6 个聚类和 5 个评价标准，其中前面三个评价标准是效益型的，后面两个评价标准是成本型的。

$$A_1 = \begin{pmatrix} (0.798, 0.173) & (0.736, 0.194) & (0.788, 0.157) & (0.759, 0.191) & (0.757, 0.180) \\ (0.773, 0.169) & (0.738, 0.191) & (0.801, 0.140) & (0.771, 0.174) & (0.766, 0.176) \\ (0.767, 0.170) & (0.744, 0.180) & (0.797, 0.159) & (0.763, 0.194) & (0.767, 0.171) \\ (0.751, 0.191) & (0.726, 0.180) & (0.794, 0.157) & (0.753, 0.204) & (0.752, 0.182) \\ (0.695, 0.226) & (0.679, 0.198) & (0.733, 0.790) & (0.709, 0.230) & (0.692, 0.250) \\ (0.759, 0.162) & (0.728, 0.202) & (0.793, 0.160) & (0.756, 0.190) & (0.761, 0.180) \end{pmatrix}_{6 \times 5}$$

Step 5 根据 Step 4 所得各聚类的决策数据，应用 4.4.2 节构建的加权模型计算评价标准权重，并利用式（4-20）得到不同调节系数 α 下的评价标准权重，如表4-5 所示。

表4-5 不同调节系数 α 下的评价标准权重

	标准1	标准2	标准3	标准4	标准5
$\alpha = 0.1$	0.201	0.181	0.248	0.179	0.191
$\alpha = 0.3$	0.205	0.180	0.244	0.179	0.192
$\alpha = 0.5$	0.212	0.179	0.237	0.179	0.194
$\alpha = 0.7$	0.222	0.176	0.226	0.178	0.197
$\alpha = 0.9$	0.245	0.171	0.202	0.177	0.204

Step 6 根据 4.4.3 节给出的方案排序的方法步骤，先由式（4-21）和式（4-22）找到备选方案评价结果的正、负理想解，并应用式（4-23）和式（4-24）计算备选方案评价结果到正、负理想解的距离，代入式（4-25）得到公共项目多准则决策模型对备选方案进行排序。最终得到综合距离计算结果，如表 4-6～表 4-12 所示。

表 4-6　聚类 1 的综合距离

	$\alpha=0.1$	$\alpha=0.3$	$\alpha=0.5$	$\alpha=0.7$	$\alpha=0.9$
方案 1	0.512	0.514	0.516	0.519	0.527
方案 2	0.561	0.560	0.557	0.553	0.544
方案 3	0.228	0.227	0.226	0.224	0.219
方案 4	0.320	0.321	0.323	0.326	0.333
方案 5	0.721	0.719	0.718	0.714	0.708

表 4-7　聚类 2 的综合距离

	$\alpha=0.1$	$\alpha=0.3$	$\alpha=0.5$	$\alpha=0.7$	$\alpha=0.9$
方案 1	0.463	0.465	0.468	0.472	0.482
方案 2	0.568	0.566	0.564	0.560	0.550
方案 3	0.140	0.140	0.140	0.141	0.142
方案 4	0.341	0.343	0.345	0.348	0.356
方案 5	0.662	0.661	0.661	0.661	0.660

表 4-8　聚类 3 的综合距离

	$\alpha=0.1$	$\alpha=0.3$	$\alpha=0.5$	$\alpha=0.7$	$\alpha=0.9$
方案 1	0.521	0.522	0.525	0.530	0.539
方案 2	0.589	0.587	0.585	0.581	0.573
方案 3	0.245	0.244	0.244	0.243	0.242
方案 4	0.363	0.365	0.367	0.372	0.381
方案 5	0.686	0.685	0.685	0.684	0.683

表 4-9　聚类 4 的综合距离

	$\alpha=0.1$	$\alpha=0.3$	$\alpha=0.5$	$\alpha=0.7$	$\alpha=0.9$
方案 1	0.543	0.544	0.546	0.549	0.556
方案 2	0.579	0.577	0.575	0.570	0.559
方案 3	0.305	0.304	0.301	0.297	0.287
方案 4	0.356	0.357	0.360	0.366	0.376
方案 5	0.714	0.713	0.711	0.708	0.702

表 4-10　聚类 5 的综合距离

	$\alpha=0.1$	$\alpha=0.3$	$\alpha=0.5$	$\alpha=0.7$	$\alpha=0.9$
方案 1	0.495	0.497	0.499	0.503	0.513
方案 2	0.642	0.641	0.638	0.634	0.626
方案 3	0.209	0.208	0.206	0.203	0.196
方案 4	0.206	0.208	0.210	0.214	0.222
方案 5	0.564	0.563	0.562	0.560	0.556

表 4-11　聚类 6 的综合距离

	$\alpha=0.1$	$\alpha=0.3$	$\alpha=0.5$	$\alpha=0.7$	$\alpha=0.9$
方案 1	0.500	0.501	0.502	0.505	0.512
方案 2	0.622	0.620	0.617	0.611	0.599
方案 3	0.307	0.307	0.306	0.305	0.302
方案 4	0.323	0.325	0.329	0.335	0.348
方案 5	0.742	0.740	0.738	0.734	0.726

表 4-12　聚类 1~6 的综合距离

	$\alpha=0.1$	$\alpha=0.3$	$\alpha=0.5$	$\alpha=0.7$	$\alpha=0.9$
方案 1	0.477	0.479	0.481	0.484	0.492
方案 2	0.540	0.538	0.536	0.532	0.523
方案 3	0.214	0.213	0.212	0.211	0.207
方案 4	0.305	0.306	0.308	0.312	0.319
方案 5	0.659	0.658	0.657	0.655	0.650

Step 7 在本案例中，为了均衡考虑标准权重计算模型中不同元素对评价结果的影响，同时也为了此次所得的结果更具有代表性，取调节系数 $\alpha = 0.5$，对不同聚类给出的备选方案的距离情况做聚类分析。将表 4-6~表 4-12 中 $\alpha = 0.5$ 时的距离结果筛选出，并将其做权重标准化处理，然后将评价标准权重的分配情况以图 4-5 所示的折线图的形式展示出来。由综合距离可得，当 $\alpha = 0.5$ 时，按照优于关系对博物馆内部数字化整改方案进行排序，结果如图 4-5 所示。可得方案5>方案2>方案1>方案4>方案3，从而可知方案 5 为最优选项。

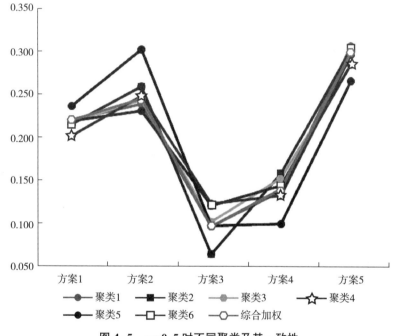

图 4-5　$\alpha = 0.5$ 时不同聚类及其一致性

由图 4-5 可以看出，不同的聚类对于备选方案的整体排序相对一致，但是具体到每一个方案的权重，不同聚类给出的结果是有明显区别的。如方案 3，聚类 1 给出的权重为 0.097，聚类 2 给出的权重为 0.064，聚类 3 给出的权重为 0.101，聚类 4 给出的权重为 0.121，聚类 5 给出的权重为 0.097，聚类 6 给出的权重为 0.123，综合权重为 0.097。

进一步地，可以根据聚类结果对每个聚类包含的成员的基本情况做分析，一般具有相同特征的成员比较容易聚集到同一类中。由此可以启发政府和投资建设方，在规划建设一个公共项目的时候，需要充分考虑不同类型受众的需求，真正做到"按菜单上菜"。

4.7　本章小结

　　本章将公众参与引入公共项目的决策过程，并以直觉模糊集的相关理论研究为基础，提出一套多准则决策方法，对公众给出的评价做信息的收集和数据的分析，以期得到科学合理的、客观反映公众态度的评价结果。公众群体内部的差异性和群体数量都较大，因此在面对和自身利益相关的现实问题时，公众难免因问题的复杂性和自身知识经验的局限性而出现犹豫不确定性，考虑到决策方案的数目是相对有限的，本章选择包含公众满意度、公众不满意度和犹豫度的直觉模糊数，作为评价结果的描述工具。与专家决策不同的是，本章将直觉模糊数以打分的形式告知参与决策的公众，在做数据处理时再将其转换为严格的直觉模糊数形式。与此同时，为了处理公众群体数量较大的问题，本章引入了聚类分析的思想。在直觉模糊数的基础上，提出了新的评价信息差异度的计算方法，并将其进一步应用于聚类的相似度，平均一致性，标准一致性的计算，基于相似度计算公式通过编程多次循环演化，得到考虑平均一致性和标准一致性的最佳的聚类结果。之后，先对聚类内成员的决策结果做整理，再以聚类为单位做进一步的决策处理。从考虑评价结果精确度和评价准则区别度两个方面，构建评价标准优化模型构造了对评价标准和备选方案做加权，该模型可解决评价准则权重未知的多准则群决策问题，其中还引入了调节系数，从而使决策者可自主分配两者的权重，增强了决策方法的灵活性。

5 基于直觉模糊集的公共项目专家群体决策

第 4 章以直觉模糊集理论为基础，结合聚类分析的思想，重点分析了公共项目公众大群体决策问题。本章研究公共项目的专家群体决策，专家较公众有更高的专业水平，对该类项目建设前期的决策和考量也更加深入和全面，因此不能继续采用描述公众态度的模糊数据工具，需要引入更能准确反映决策者在决策过程中心理活动的描述方法。分析之后选择目前最为全面反映决策者内心复杂活动的区间直觉模糊数为描述工具，据此处理评价标准权重未知的公共项目专家群体决策问题。首先，以区间直觉模糊数为决策矩阵的元素，描述专家群体对不同标准下的公共项目备选方案的评价结果。其次，通过考察评价结果的犹豫度和评价标准的区别度来构造决策模型，并通过对模型求解获得评价标准权重；在得到评价标准的权重之后，对公共项目的备选方案进行加权。最后，引入 TOPSIS 法的思想，构造基于区间直觉模糊数的距离公式，测量备选方案与正理想方案、负理想方案的综合距离，从而得到公共项目备选方案的最终排序结果。

5.1 区间直觉模糊集的公共项目专家群体决策

专家在对公共项目进行决策时，由于项目自身复杂程度过高且信息提供不全，专家的能力有限或者压力过大等，致使专家在评价时的决策结果存在一定范围内的不确定性。公共项目自身的复杂性使专家对其做决策时需要从较多的角度进行考虑，即有多个评价准则。这些所要考虑的评价准则中，有一些方面可以用具体的数据来说明，但是也有一些方面是未知的。这启发我们将目前最为前沿模糊决策研究基础——区间直觉模糊集，引入公共项目的专家群体决策过程，推进决策结果与专家的实际心理之间的贴近度。接下来，将对区间直觉模糊集进行系统介绍。

5.1.1 区间直觉模糊集

Atanassov 和 Gargov（1989）提出了区间直觉模糊集的定义，令 X 表示给定论域，称集合 $U=\{\langle x,\ [\mu_U^-(x),\ \mu_U^+(x)],\ [\nu_U^-(x),\ \nu_U^+(x)]\rangle\ |\ x\in X\}$ 为论域 X 上的区间直觉模糊集，若集合中的元素满足 $0\leqslant\mu_U^-(x)+\nu_U^+(x)\leqslant 1$，$[\mu_U^-(x),\ \mu_U^+(x)]\subseteq[0,\ 1]$，$[\nu_U^-(x),\ \nu_U^+(x)]\subseteq D[0,\ 1]$，$0\leqslant\mu_U^-(x),\ \mu_U^+(x),\ \nu_U^-(x),\ \nu_U^+(x)\leqslant 1$，称 $[\mu_U^-(x),\ \mu_U^+(x)]$ 为 x 属于论域 X 的程度，即隶属度区间；称 $[\nu_U^-(x),\ \nu_U^+(x)]$ 为 x 不属于论域 X 的程度，即非隶属度区间；根据隶属度和非隶属度，进一步可以得到 x 属于论域 X 的犹豫度区间 $[\pi_U^-(x),\ \pi_U^+(x)]=[1-\mu_U^+(x)-\nu_U^+(x),\ 1-\mu_U^-(x)-\nu_U^-(x)]$。一般在不引起混淆的情况下，称 $\alpha=\langle[\mu^-,\ \mu^+],\ [\nu^-,\ \nu^+]\rangle$ 为区间直觉模糊数。

$\alpha=\langle[\mu^-,\ \mu^+],\ [\nu^-,\ \nu^+]\rangle$ 及其所包含区间 $[\mu_A^-,\ \mu_A^+]$ 与 $[\nu_A^-,\ \nu_A^+]$ 的现实意义，可以通过一个简单的例子予以说明：比如，中国女排奥运冠军之一袁心玥，身高 1.99 米。这个身高在中国女排队是第一高，我们可以将袁心玥的身高用语言描述为"非常高"。用传统的数学数值显然无法表达这一描述结果，但是可以用包含模糊思想的模糊数来描述。这里用区间直觉模糊数可以将这个身高记为 $\langle[0.90,\ 0.95],\ [0.02,\ 0.03]\rangle$，其中 $[0.90,\ 0.95]$ 表示袁心玥的身高"高"的程度在 0.90 与 0.95 之间，非常接近 100% 高的描述值"1"；$[0.02,\ 0.03]$ 表示袁心玥的身高"不高"的程度在 0.02 和 0.03 之间，这个数值表示这个"不高"的程度非常低。其中 0.95 和 0.03 之和还不到数值 1，根据 $[\pi_A^-,\ \pi_A^+]=[1-\mu_A^+-\nu_A^+,\ 1-\mu_A^--\nu_A^-]$ 可以计算决策者给出这个判断时的犹豫度，袁心玥身高的评价的犹豫度区间为 $[0.02,\ 0.08]$。假设另外一个普通女孩的身高为 1.65 米，我们可以用区间直觉模糊数 $\langle[0.60,\ 0.65],\ [0.25,\ 0.30]\rangle$ 表示，这个女孩的身高"高"的程度显然没有袁心玥高，"不高"的程度比袁心玥高，显然这两个区间直觉模糊数是不同的。因此，我们需要一些理论方法对不同的区间直觉模糊数加以区别。

随着现实问题的逐渐复杂，一般情况下，在对公共项目做相关评价工作时，往往根据多个评价标准进行评价。政府在聘请专家参与公共项目决策过程的时候，同样需要其在不同的评价标准下，给出反映自身观点的评价结果，并且政府一般会请多个专家参与，以提高决策结果的可靠性。在本章中，依旧用集合 $X=\{X_1,\ X_2,\ \cdots,\ X_m\}$ 表示有 m 个备选方案的备选方案集，$C=\{C_1,\ C_2,\ \cdots,\ C_n\}$ 表示包含 n 个评价标准的评价标准集。政府从专家库任意抽调相关领域的专家，经过综合考虑之后，在评价标准 C_j 下，对第 i 个备选方案用直觉模糊数表达的评

价结果 $a_{ij}=\langle[\mu_{a_{ij}}^-(x),\mu_{a_{ij}}^+(x)],[\nu_{a_{ij}}^-(x),\nu_{a_{ij}}^+(x)]\rangle$，综合考虑所有的评价标准和备选方案可得式（5-1）所示的初始决策矩阵 $A=(a_{ij})_{m\times n}$：

$$A=\begin{bmatrix} a_{11} & a_{12} & \cdots & a_{1n} \\ a_{21} & a_{22} & \cdots & a_{2n} \\ \vdots & \vdots & \ddots & \vdots \\ a_{m1} & a_{m2} & \cdots & a_{mn} \end{bmatrix} \tag{5-1}$$

其中，$i\in m$，$j\in n$，$[\mu_{a_{ij}}^-(x),\mu_{a_{ij}}^+(x)]$ 表示满意的程度（隶属度区间），$[\nu_{a_{ij}}^-(x),\nu_{a_{ij}}^+(x)]$ 表示不满意的程度（非隶属度区间）。

5.1.2　区间直觉模糊数的比较方法

设 $\alpha=\langle[\mu^-,\mu^+],[\nu^-,\nu^+]\rangle$ 为 IVIFN，徐泽水（2007）开创性地给出了关于 α 的得分函数 $S(\alpha)=(\mu^-+\mu^+-\nu^--\nu^+)/2$ 和精确函数 $H(\alpha)=(\mu^-+\mu^++\nu^-+\nu^+)/2$ 的定义，并指出依次利用这两个函数，可以对不同的区间直觉模糊数进行比较。但是之后 Wang 等（2009）在参考文献中，指出面对一些特殊的区间直觉模糊数的时候，得分函数和精确函数会出现失灵的状况，即对不同的区间直觉模糊数，却计算出相同的得分函数甚至是相同的精确函数。根据 Wang 等（2009）给出的不确定指数的概念，我们进一步给出隶属不确定指数 $T(a_{ij})=(\mu^++\nu^--\mu^--\nu^+)/2$ 和犹豫不确定指数 $G(a_{ij})=(\mu^++\nu^+-\mu^--\nu^-)/2$ 的定义。

Wang 等（2009）通过定理说明了利用得分函数、精确函数、隶属不确定指数和犹豫不确定指数对任意两个不同区间直觉模糊数进行区分。从而对于任意两个区间直觉犹豫模糊数 $\alpha_1=\langle[\mu_1^-,\mu_1^+],[\nu_1^-,\nu_1^+]\rangle$ 和 $\alpha_2=\langle[\mu_2^-,\mu_2^+],[\nu_2^-,\nu_2^+]\rangle$ 给出如图 5-1 中所示的比较流程。

对于图 5-1 的运作程序，我们可以用参考文献（Alford, 2002）中的例子加以说明。令区间直觉模糊数 $\alpha_1=\langle[0,0.4],[0.3,0.4]\rangle$，$\alpha_2=\langle[0.1,0.3],[0.3,0.4]\rangle$，$\alpha_3=\langle[0,0.4],[0.18,0.52]\rangle$，$\alpha_4=\langle[0.05,0.35],[0.2,0.5]\rangle$，$\alpha_5=\langle[0.2,0.2],[0.3,0.4]\rangle$，通过计算可以发现，这几个区间直觉模糊数的得分函数 S、精确函数 H、隶属不确定指数 T 都相等，只有其犹豫不确定指数不相等，有 $G(\alpha_1)=0.15$，$G(\alpha_2)=0.05$，$G(\alpha_3)=0.03$，$G(\alpha_4)=0$，$G(\alpha_5)=-0.05$，由 $G(\alpha_1)>G(\alpha_2)>G(\alpha_3)>G(\alpha_4)>G(\alpha_5)$，可得 $\alpha_1<\alpha_2<\alpha_3<\alpha_4<\alpha_5$。

由图 5-1 可知，任意两个区间直觉模糊数 $\alpha=\langle[\mu_1^-,\mu_1^+],[\nu_1^-,\nu_1^+]\rangle$ 和 $\beta=\langle[\mu_2^-,\mu_2^+],[\nu_2^-,\nu_2^+]\rangle$，当且仅当任意两个区间直觉模糊数的得分函数 S、精确

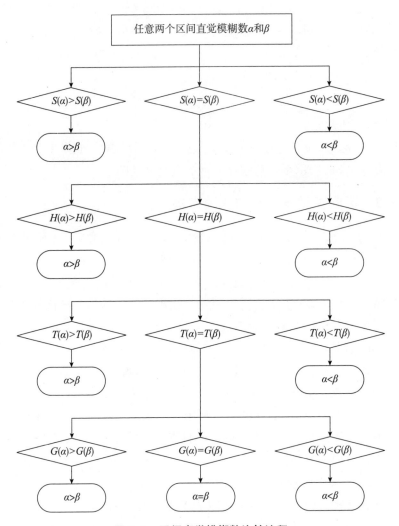

图 5-1　区间直觉模糊数比较流程

函数 H、隶属不确定指数 T 和犹豫不确定指数 G 都相等时，这两个区间直觉模糊数才相等。具体的比较方法如下：

如果 $S(\alpha)<S(\beta)$，则有 $\alpha<\beta$，表示区间直觉模糊数 $\alpha<\beta$。

如果 $S(\alpha)>S(\beta)$，则有 $\alpha>\beta$，表示区间直觉模糊数 $\alpha>\beta$。

如果 $S(\alpha)=S(\beta)$，则若 $H(\alpha)<H(\beta)$，有 $\alpha<\beta$，表示区间直觉模糊数 $\alpha<\beta$；若 $H(\alpha)>H(\beta)$，有 $\alpha<\beta$，表示区间直觉模糊数 $\alpha>\beta$；如果 $H(\alpha)=H(\beta)$：

当 $T(\alpha)>T(\beta)$ 时，有 $\alpha<\beta$，表示区间直觉模糊数 $\alpha<\beta$。

当 $T(\alpha) < T(\beta)$ 时，有 $\alpha > \beta$，表示区间直觉模糊数 $\alpha > \beta$。

当 $T(\alpha) = T(\beta)$ 时，$G(\alpha) > G(\beta)$，有 $\alpha < \beta$，表示区间直觉模糊数 $\alpha < \beta$；$G(\alpha) < G(\beta)$，有 $\alpha > \beta$，表示区间直觉模糊数 $\alpha > \beta$；$G(\alpha) = G(\beta)$，有 $\alpha \sim \beta$，则 α 与 β 等价。

5.1.3　区间直觉模糊数的差异度计算

基于区间直觉模糊数的比较方法，本部分引入可衡量两个区间直觉模糊数差异度的测量公式，即将两个不同的区间直觉模糊数的区别程度量化。对于任意两个区间直觉模糊数 $\alpha_1 = \langle [\mu_1^-, \mu_1^+], [\nu_1^-, \nu_1^+] \rangle$ 和 $\alpha_2 = \langle [\mu_2^-, \mu_2^+], [\nu_2^-, \nu_2^+] \rangle$，令 $S(\alpha_i)$、$H(\alpha_i)$、$T(\alpha_i)$、$G(\alpha_i)$ 分别表示得分函数、精确函数、隶属不确定指数和犹豫不确定指数，则将 α_1 和 α_2 之间的综合距离定义为：

$$d(\alpha_1, \alpha_2) = \frac{1}{8}(\, |S(\alpha_1) - S(\alpha_2)| + |H(\alpha_1) - H(\alpha_2)| +$$

$$|T(\alpha_1) - T(\alpha_2)| + |G(\alpha_1) - G(\alpha_2)| \,) \qquad (5\text{-}2)$$

对于式（5-2），本部分给出如下定理以说明该公式的性质，我们可以利用该公式充分测算决策者的犹豫度。

定理 5.1　对于任意三个区间直觉模糊数 $\alpha_i = ([a_i, b_i], [c_i, d_i])(i = 1, 2, 3)$，有：

1）$0 \leqslant d(\alpha_1, \alpha_2) \leqslant 1$，特别地，$d(\alpha_1, \alpha_1) = 0$；

2）$d(\alpha_1, \alpha_2) = d(\alpha_2, \alpha_1)$；

3）$d(\alpha_1, \alpha_3) \leqslant d(\alpha_1, \alpha_2) + d(\alpha_2, \alpha_3)$。

定理 5.1 的证明过程见附录 3。

5.1.4　区间直觉模糊数的集成算子

当决策专家给出以区间直觉模糊数为载体的评价结果时，一般数字的计算法对该结果显然是不适用的，为了解决这个问题，Xu（2010）给出对区间直觉模糊数进行加权求和等的算子，首先假设任意三个区间直觉模糊数 $\alpha_1 = \langle [a_1, b_1], [c_1, d_1] \rangle$，$\alpha_2 = \langle [a_2, b_2], [c_2, d_2] \rangle$，$\alpha = \langle [a, b], [c, d] \rangle$，规定：

$$\alpha_1 \oplus \alpha_2 = ([a_1 + a_2 - a_1 a_2,\ b_1 + b_2 - b_1 b_2], [c_1 c_2,\ d_1 d_2]) \qquad (5\text{-}3)$$

$$\lambda\alpha = ([1 - (1-a)^\lambda,\ 1 - (1-b)^\lambda], [c^\lambda,\ d^\lambda]) \qquad (5\text{-}4)$$

易知 $\alpha_1 \oplus \alpha_2$ 和 $\lambda\alpha$ 也都是区间直觉模糊数。对于区间直觉模糊数 $\alpha_j = ([a_j, b_j], [c_j, d_j])$，$j = 1, 2, \cdots, n$，如果满足：

$$WA_w = (\alpha_1, \ \alpha_2, \ \cdots, \ \alpha_n) = w_1\alpha_1 \oplus w_2\alpha_2 \oplus \cdots \oplus w_n\alpha_n$$

$$= \left(\left[1 - \prod_{j=1}^{n} (1 - a_j)^{\lambda_j}, \ \prod_{j=1}^{n} (1 - b_j)^{\lambda_j} \right], \ \left[\prod_{j=1}^{n} c_j^{\lambda_j}, \ \prod_{j=1}^{n} d_j^{\lambda_j} \right] \right) \quad (5-5)$$

则称 WA_w 为区间直觉模糊数的加权算子。其中，$(w_1, \ w_2, \ \cdots, \ w_n)^T$ 是满足 $w_j \in [0, \ 1]$ 和 $\sum_{j=1}^{n} w_j = 1$ 的权重向量。

5.2 公共项目多准则专家群体决策模型

5.2.1 公共项目专家群体评价标准权重的确定

任意的多准则决策的过程、评价标准体系及其权重的确定，都对评价结果的合理性起着至关重要的作用。考虑到考察决策方案的评价和排序对评价标准区别度的要求非常高，并且结合区间直觉模糊数自身的特点，本部分进行下面的模型构建，以期对评价标准进行加权。例如，耿帅（2015）提出，专家群体的决策问题中，专家的权重是根据专家的自身情况进行直接赋予权重的，并未考虑专家所给的评价结果的一致性情况。

假设有 m 套公共项目建设的备选方案 A_i，$i = 1, 2, \cdots, m$，利用区间直觉模糊数描述决策专家根据评价标准集 C_j，$j = 1, 2, \cdots, n$ 中的 n 个评价标准，对备选方案进行评价的结果记为 $a_{ij} = \langle [\mu_A^-, \ \mu_A^+], \ [\nu_A^-, \ \nu_A^+], \ [\pi_A^-, \ \pi_A^+] \rangle$。如果某一个备选方案 A_i 在评价标准 C_j 下的得分函数值 $S(a_{ij})$ 和精确函数值 $H(a_{ij})$ 越高，则表明在评价标准 C_j 下越优；如果其隶属不确定指数 $T(a_{ij})$ 和犹豫不确定指数 $G(a_{ij})$ 越低，则表明在评价标准 C_j 下，对该方案的评价结果越明确，也说明该方案越优。因此，从评价结果这个角度出发，全面考虑其隶属度、非隶属度和犹豫度，可综合得分函数、精确函数、隶属不确定指数和犹豫不确定指数这四个测评函数，构建模型 M_1：

$$\begin{cases} \max f_1(w) = \sum_{i=1}^{m} \sum_{j=1}^{n} w_j \dfrac{S(a_{ij}) + H(a_{ij})}{S(a_{ij}) + H(a_{ij}) + T(a_{ij}) + G(a_{ij})} \\ \text{s.t.} \sum_{j=1}^{n} w_j = 1 \\ 0 \leq w_j \leq 1 \end{cases}$$

对于 m 个公共文化设施建设的备选方案，如果决策专家在某个评价标准 C_j

下，给它们的不同评价结果之间的差异性小，说明该评价标准区别备选方案的能力较弱，应赋予较低的权重；如果在评价标准 C_j 下，给它们的不同决策结果之间的差异性大，说明该评价标准区别备选方案的能力较强，应赋予较高的权重。因此根据式（5-2）给出的计算区间直觉模糊数之间差异程度的综合距离 $d(a_{ij}, a_{kj})$，从评价标准的角度出发构建下述模型 M_2：

$$\begin{cases} \max f_2(w) = \sum_{i=1}^{m} \sum_{j=1}^{n} \sum_{1 \le i < k \le n} w_j d(a_{ij}, a_{kj}) \\ \text{s.t.} \sum_{j=1}^{n} w_j = 1 \\ 0 \le w_j \le 1 \end{cases}$$

综合评价结果和评价标准区别度两个方面，考虑其对权重分配的影响，引入调节系数 α，构建模型 M_3：

$$\begin{cases} \max f(w) = \alpha f_1(w) + (1 - \alpha)f_2(w) \\ \text{s.t.} \sum_{j=1}^{n} w_j = 1 \\ 0 \le w_j \le 1 \\ 0 \le \alpha \le 1 \end{cases}$$

其中，α 表示决策者预先给定的调节系数。下面通过构造拉格朗日辅助函数 $L(w, \lambda)$ 来求模型 M_3 的解：

$$L(w, \lambda) = f(w) + \lambda \left(\sum_{j=1}^{n} w_j - 1 \right) \tag{5-6}$$

关于 w_j 和 λ 求偏导，同时令：

$$\begin{cases} \dfrac{\partial L}{\partial w} = \sum_{i=1}^{m} \left(\alpha \dfrac{S(a_{ij}) + H(a_{ij})}{S(a_{ij}) + H(a_{ij}) + T(a_{ij}) + G(a_{ij})} + \sum_{1 \le i < k \le n} (1-a)d(a_{ij}, a_{kj}) \right) + \lambda = 0 \\ \dfrac{\partial L}{\partial \lambda} = \sum_{j=1}^{n} w_j - 1 = 0 \end{cases}$$

$$\tag{5-7}$$

解得：

$$w_j = \frac{\sum\limits_{i=1}^{m} \left(\alpha \dfrac{S(a_{ij}) + H(a_{ij})}{S(a_{ij}) + H(a_{ij}) + T(a_{ij}) + G(a_{ij})} + \sum\limits_{1 \le i < k \le n} (1-\alpha)d(a_{ij}, a_{kj}) \right)}{\sum\limits_{j=1}^{n} \sum\limits_{i=1}^{m} \left(\alpha \dfrac{S(a_{ij}) + H(a_{ij})}{S(a_{ij}) + H(a_{ij}) + T(a_{ij}) + G(a_{ij})} + \sum\limits_{1 \le i < k \le n} (1-\alpha)d(a_{ij}, a_{kj}) \right)}$$

$$\tag{5-8}$$

5.2.2 基于 TOPSIS 法的公共项目决策模型构建

Xu（2007）认为，含有区间直觉模糊信息的 α^+ 和 α^- 为决策者对备选方案 A_i，$i=1$，2，$\cdots$，m，在评价标准 C_j，$j=1$，2，$\cdots$，n 下给出的评价结果的正理想方案和负理想方案为：

$$\alpha^+ = \langle [\max_{1 \le i \le m} \mu_{ij}^-, \max_{1 \le i \le m} \mu_{ij}^+], [\min_{1 \le i \le m} \nu_{ij}^-, \min_{1 \le i \le m} \nu_{ij}^+], [1 - \max_{1 \le i \le m} \mu_{ij}^+ - \min_{1 \le i \le m} \nu_{ij}^+,$$
$$1 - \max_{1 \le i \le m} \mu_{ij}^- - \min_{1 \le i \le m} \nu_{ij}^-] \rangle \tag{5-9}$$

$$\alpha^- = \langle [\min_{1 \le i \le m} \mu_{ij}^-, \min_{1 \le i \le m} \mu_{ij}^+], [\max_{1 \le i \le m} \nu_{ij}^-, \max_{1 \le i \le m} \nu_{ij}^+], [1 - \min_{1 \le i \le m} \mu_{ij}^+ - \max_{1 \le i \le m} \nu_{ij}^+,$$
$$1 - \min_{1 \le i \le m} \mu_{ij}^- - \max_{1 \le i \le m} \nu_{ij}^-] \rangle \tag{5-10}$$

利用式（5-2）给出的距离公式可以计算备选方案 $A_i(i=1$，2，$\cdots$，$m)$，和正理想方案 α^+、负理想方案 α^- 之间综合距离的 $d^+(A_i, \alpha^+)$，$d^-(A_i, \alpha^-)$，从而可以根据：距离 $d_i^+(A_i, \alpha^+)$ 的值越小，表示备选方案 A_i 与 α^+ 的距离越近，则 A_i 越优；距离 $d_i^-(A_i, \alpha^-)$ 的值越大，表示备选方案 A_i 与 α^- 的距离越远，则 A_i 越优；反之则劣。进一步地，可以引入测量函数 M_i，综合衡量备选方案 A_i 与正理想方案 α^+、负理想方案 α^- 之间的距离远近程度：

$$M_i = \frac{d^-(A_i, \alpha^-)}{d^+(A_i, \alpha^+) + d^-(A_i, \alpha^-)} \tag{5-11}$$

显然，M_i 的值越大，方案 A_i 越优；M_i 的值越小，方案 A_i 越差。

由式（5-8）得到评价标准的权重后，利用测量函数 M_i，可以计算备选方案 A_i 与 α^+ 和 α^- 之间的加权距离，进而对各个备选方案进行最终排序。

5.3　公共项目专家群体的决策流程

在给出备选方案的评价描述工具及决策信息处理模型之后，本节对公共项目专家群体给出的以区间直觉模糊数为描述工具的决策方法，给出对流程的具体分析，如图5-2所示。

根据图5-2，我们给出以下决策步骤：

Step 1　决策者确定评价标准集和备选方案集。

Step 2　基于区间直觉模糊数和式（5-4），得到每个决策者给出的每个评价标准下的评价矩阵。

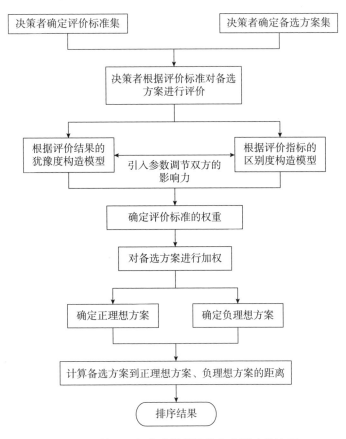

图5-2 基于区间直觉模糊数的多准则决策流程

Step 3 综合考虑评价结果的精确度和区别度，构造引入调节参数 α 之后的模型 M_3，由式（5-8）计算评价标准的权重。

Step 4 根据 Step 3 计算的评价标准和决策者的权重，对备选方案的评价结果进行加权，并分别由式（5-9）和式（5-10）得到备选方案的正理想方案和负理想方案。

Step 5 由式（5-2）计算备选方案和正理想方案、负理想方案的距离；进一步由式（5-11）计算综合距离，据此对备选方案进行排序，进而得到最优方案。

Step 6 结束。

5.4　案例分析

某省会城市的政府相关部门为更加丰富市民的文化生活，建设社会主义文化，计划结合旧城改造，投资建设服务广大人民的公共文化娱乐设施。整理和分析已有文献的数据和相关结论，政府和专家组给出了如图5-3所示的备选方案层：A_1为只建设活动广场，A_2为只建设包含表演艺术、视觉艺术等的文化馆，A_3为建设活动广场，并配套购物娱乐场所，A_4为建设文化馆，并配套购物娱乐场所；A_5为建设文化中心，包括活动广场、文化馆，并配套购物娱乐场所。评价标准层：C_1为与城市文化和已建设施的契合度，C_2为前期建设项目的预算压力，C_3为对城市整体活力的影响度和C_4为后期维护运营的压力。目标层：对备选方案进行评价排序并选择最优方案。

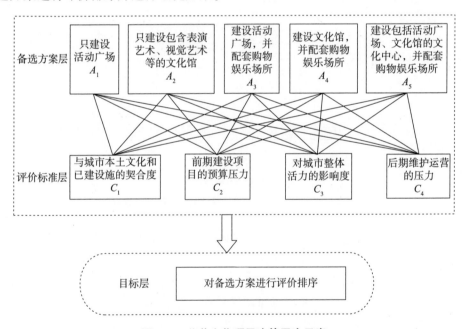

图5-3　公共文化项目决策层次示意

下面应用5.3节给出的决策流程对该问题进行决策。

Step 1　由图5-3给出的评价标准层和备选方案层可以依次确定评价标准集$\{C_j,\ j=1,\ 2,\ 3,\ 4,\ 5\}$，备选方案集$\{A_i,\ i=1,\ 2,\ 3,\ 4\}$。

Step 2　基于区间直觉模糊数，得到式（5-1）和如表5-1所示的对备选方案的初始评价结果，得到决策者给出的每个评价标准下的评价矩阵。

Step 3 综合考虑评价结果的精确度和区别度，为了均衡考虑两者的重要性，此时计算调节参数 $\alpha = 0.5$ 时的模型 M_3，由式（5-8）可以求得评价标准的权重向量：$W = (0.2619, 0.2261, 0.2656, 0.2464)$。

表 5-1 基于区间直觉模糊数的评价结果

备选方案	评价标准			
	C_1	C_2	C_3	C_4
A_1	$\langle[0.1, 0.2][0.3, 0.4]\rangle$	$\langle[0.5, 0.6], [0.2, 0.3]\rangle$	$\langle[0.2, 0.3], [0.5, 0.6]\rangle$	$\langle[0.4, 0.5], [0.4, 0.5]\rangle$
A_2	$\langle[0.5, 0.6], [0.1, 0.3]\rangle$	$\langle[0.3, 0.4], [0.2, 0.3]\rangle$	$\langle[0.4, 0.5], [0.4, 0.5]\rangle$	$\langle[0.4, 0.5], [0.3, 0.4]\rangle$
A_3	$\langle[0.4, 0.5], [0.3, 0.4]\rangle$	$\langle[0.3, 0.4], [0.1, 0.2]\rangle$	$\langle[0.3, 0.4], [0.3, 0.4]\rangle$	$\langle[0.5, 0.6], [0.1, 0.3]\rangle$
A_4	$\langle[0.5, 0.6], [0.2, 0.3]\rangle$	$\langle[0.4, 0.5], [0.2, 0.3]\rangle$	$\langle[0.6, 0.7], [0.2, 0.3]\rangle$	$\langle[0.4, 0.5], [0.1, 0.2]\rangle$
A_5	$\langle[0.7, 0.8], [0.1, 0.2]\rangle$	$\langle[0.2, 0.3], [0.2, 0.3]\rangle$	$\langle[0.8, 0.9], [0, 0.1]\rangle$	$\langle[0.4, 0.6], [0.1, 0.2]\rangle$

Step 4 根据 Step 3 计算的评价标准和决策者的权重，对备选方案的评价结果进行加权，并分别由式（5-9）和式（5-10）得到备选方案的正理想方案和负理想方案，分别为：

$A^+ = (\langle[0.7, 0.8], [0.1, 0.3]\rangle, \langle[0.5, 0.6], [0.1, 0.2]\rangle, \langle[0.8, 0.9], [0, 0.1]\rangle, \langle[0.5, 0.6], [0.1, 0.2]\rangle)$；

$A^- = (\langle[0.1, 0.2], [0.3, 0.4]\rangle, \langle[0.2, 0.3], [0.2, 0.3]\rangle, \langle[0.2, 0.3], [0.5, 0.6]\rangle, \langle[0.4, 0.5], [0.4, 0.5]\rangle)$。

Step 5 根据式（5-2）计算备选方案和正理想方案、负理想方案的距离：

$d^+(A_1, \alpha^+) = 0.1036$，$d^+(A_2, \alpha^+) = 0.0685$，$d^+(A_3, \alpha^+) = 0.0769$，$d^+(A_4, \alpha^+) = 0.0598$，$d^+(A_5, \alpha^+) = 0.0171$；$M_2 = 0.4439$，$M_3 = 0.3758$，$M_4 = 0.5177$，$M_5 = 0.8719$。

$d^-(A_1, \alpha^-) = 0.0200$，$d^-(A_2, \alpha^-) = 0.0547$，$d^-(A_3, \alpha^-) = 0.0463$，$d^-(A_4, \alpha^-) = 0.0642$，$d^-(A_5, \alpha^-) = 0.1163$。

进一步利用式（5-11）计算综合距离分别为：

$M_1 = 0.1621$，$M_2 = 0.4439$，$M_3 = 0.3758$，$M_4 = 0.3758$，$M_5 = 0.8719$。

据此对备选方案进行排序：$A_5 > A_4 > A_2 > A_3 > A_1$，进而可以确定最优方案为 A_5。

Step 6 结束。

结果分析：由表 5-2 可以看出，在评价标准权重方面，调节系数 α 取不同值时，具体的权重分配及其排序均发生了变化。$\alpha = 0$ 时，$w_3 = w_1 > w_4 > w_2$；$\alpha = 0.2$、0.5、0.8 时，$w_3 > w_1 > w_4 > w_2$；$\alpha = 1$ 时，$w_3 > w_1 > w_4 > w_2$。由此可以看出，在决策模

公众参与下公共项目多准则群决策研究

型 M 中引入 α，对于综合考虑评价结果和评价标准区别性两个方面是有调节意义的；在备选方案方面，虽然不同的 α 值下的排序未发生变化，但是表5-2中给出的相对距离值却发生了较明显的变化，如 $\alpha=0$ 时，$M_2=0.4702$；$\alpha=0.2$ 时，$M_2=0.4562$；$\alpha=0.5$ 时，$M_2=0.4439$；$\alpha=0.8$ 时，$M_2=0.4453$；$\alpha=1$ 时，$M_2=0.4343$。由表5-3可知，不同的方法得到的最优和最差候选项是一致的，这在一定程度上证明本章所用方法的科学合理性。一些文献利用熵权法，未充分考虑评价结果的模糊信息（吴冲和万翔宇，2014）；一些文献利用投影法，却忽略了备选方案与负理想方案之间的关系对决策的影响（万树平和董九英，2010；万树平，2012；李晓冰和徐扬，2012）。本部分所提的方法即全面考虑了评价结果的模糊信息，又通过综合分析备选方案与正理想方案、负理想方案之间关系来求得最终的排序结果，从而具有更强的可靠性和实用性。

表 5-2　α 取不同数值时的方案排序对比

α 的取值	评价标准的权重及其排序	相对距离值	备选方案的排序
$\alpha=0$	$W=(0.3010,\ 0.1650,\ 0.3010,\ 0.2230)$ $w_3=w_1>w_4>w_2$	$M_1=0.1170$ $M_2=0.4702$ $M_3=0.3761$ $M_4=0.5312$ $M_5=0.9048$	$A_5>A_4>A_2>A_3>A_1$
$\alpha=0.2$	$W=(0.2784,\ 0.2003,\ 0.2805,\ 0.2408)$ $w_3>w_1>w_4>w_2$	$M_1=0.1429$ $M_2=0.4562$ $M_3=0.3760$ $M_4=0.5235$ $M_5=0.8863$	$A_5>A_4>A_2>A_3>A_1$
$\alpha=0.5$	$W=(0.2619,\ 0.2261,\ 0.2656,\ 0.2464)$ $w_3>w_1>w_4>w_2$	$M_1=0.1621$ $M_2=0.4439$ $M_3=0.3758$ $M_4=0.5177$ $M_5=0.8719$	$A_5>A_4>A_2>A_3>A_1$
$\alpha=0.8$	$W=(0.2564,\ 0.2358,\ 0.2535,\ 0.2453)$ $w_3>w_1>w_4>w_2$	$M_1=0.1692$ $M_2=0.4453$ $M_3=0.3775$ $M_4=0.5157$ $M_5=0.8672$	$A_5>A_4>A_2>A_3>A_1$

续表

α 的取值	评价标准的权重及其排序	相对距离值	备选方案的排序
$\alpha = 1$	$W = (0.2493, 0.2457, 0.2543, 0.2507)$ $w_3 > w_4 > w_1 > w_2$	$M_1 = 0.1769$ $M_2 = 0.4343$ $M_3 = 0.3757$ $M_4 = 0.5132$ $M_5 = 0.8603$	$A_5 > A_4 > A_2 > A_3 > A_1$

表 5-3　不同方法所得结果的比较

方法	评价标准权重的排序	备选方案的排序
TOPSIS 法	$w_3 > w_2 > w_1 > w_4$	$A_5 > A_4 > A_3 > A_2 > A_1$
投影法	$w_3 > w_4 > w_2 > w_1$	$A_5 > A_2 > A_4 > A_3 > A_1$
本部分方法 $\alpha = 0.2$	$w_3 > w_1 > w_4 > w_2$	$A_5 > A_4 > A_2 > A_3 > A_1$
本部分方法 $\alpha = 0.5$	$w_3 > w_1 > w_4 > w_2$	$A_5 > A_4 > A_2 > A_3 > A_1$
本部分方法 $\alpha = 0.8$	$w_3 > w_1 > w_4 > w_2$	$A_5 > A_4 > A_2 > A_3 > A_1$

5.5　本章小结

本章以专家群体为公共项目的决策主体，将专家群体的决策转化为基于区间直觉模糊数的多准则决策问题，进而利用多准则决策法为专家群体的决策提供了一套可供使用的方法体系。该方法体系以区间直觉模糊数为工具，描述专家群体在不同标准下对备选方案进行评价和决策的结果。通过给出综合所有模糊信息的距离公式，考察评价结果的不确定程度和评价标准的区别度，构造带有调节系数的评价准则权重确定模型，再利用拉格朗日乘数法进行求解，得到评价准则的具体权重数值。引入区间直觉模糊集体系中的信息集成算子来处理专家群体给出的初始决策矩阵，结合权重向量对初始的评价结果加权。加权之后，利用 TOPSIS 法的排序思想，根据提出的适用于测量不同区间直觉模糊数之间的距离的公式，以测量备选方案与正理想方案和负理想方案的距离，得到备选方案的最终排序结果。针对公共项目决策中专家群体的决策所构造的方法体系，既包含对评价结果做全方位描述的基础工具，对决策结果做信息挖掘的工具，也包含根据权重对决策矩阵做集成的算子加权工具，以及在这些基础上构造模型的工具。因此，本章对公共项目决策和其他类项目的决策问题都有着非常重要的意义。

6 多主体参与下的公共项目多准则群决策

第 4 章引入了以直觉模糊数为基础的描述类工具和以测量相似度为基础的聚类算法,共同处理基于直觉模糊数的公共项目公众群体决策问题。第 5 章重点研究基于区间直觉模糊数的公共项目专家群体决策。这两章的研究模型都适用于评价准则重未知的情况,具有较强的应用性。由于公共项目的建设规模较大,一般在建设初期会同时遇到评价标准数量和备选方案数量都较多的情况。为了使公众给出的评价结果更加有针对性,需要专家在公众参与之前对大量的评价标准和公共项目备选方案做初步筛选。为此,本章首先引入基于偏好关系的最优最劣法的评价思想,该比较思想可以有效降低比较次数,以处理评价准则或者备选方案数量较多时的情况。其次引入 ELECTRE Ⅲ 法的数据处理思想来对备选项做排序,该方法可以对影响满意度初始评价结果做动态调整。最后同时考虑公众群体和专家群体对公共项目的决策,以期得到更为科学且能客观反映公众需求的决策结果。

6.1 基于专家群体决策的公共项目备选方案初选

本书将公共项目建设前期的决策问题转化为多准则群决策问题,同时引入多准则群决策问题的评价及排序方法来解决该类问题。公共项目的性质决定了其建设的规模周期长,因此政府及评价专家在建设前期很可能会遇到在数量较多的备选方案中择优的问题。比如,采用公开招标的项目,会有众多企业机构携带其项目方案书等参与竞标。此时,一般的多准则群决策方法将会出现评价比较次数过多的弊端,导致评价结果的准确性降低。本节将引入基于偏好关系的最优最劣法(Best‐Worst‐Method,BWM)以及基于 BWM 的 ELECTRE Ⅲ(Elimination and Choice Translation Reality Ⅲ)法,对公共项目的备选方案数量较多或者评价标准较多的多准则群决策问题做初步筛选。

6.1.1　公共项目决策初选的基础知识

6.1.1.1　偏好关系

首先统一规定，$X = \{x_1, x_2, \cdots, x_n\}$ 表示有 n 个元素的集合，即有 n 个候选项，$N = \{1, 2, \cdots, n\}$；令 $C = \{c_1, c_2, \cdots, c_m\}$ 表示有 m 个元素的集合，即有 m 个评价准则，$M = \{1, 2, \cdots, m\}$。Satty（1990）指出，当对集合 X 中的元素做两两比较之后，比较结果 p_{ij}，若满足条件 $1/9 \leqslant p_{ij} \leqslant 9$，$p_{ij}p_{ji} = 1$，$p_{ii} = 1$，$\forall i, j = 1, 2, \cdots, n$，则称 $P = (p_{ij})_{n \times n}$ 为定义在 X 上的一个基于乘法偏好关系的互反决策矩阵，其中 p_{ij} 表示元素 x_i 优于 x_j 的程度，$p_{ij} > 1$ 表示 x_i 优于 x_j，$p_{ij} < 1$ 表示 x_i 劣于 x_j，$p_{ij} = 1$ 表示 x_i 与 x_j 无差。以乘法模糊数为基础，Xia 等（2013）将乘法偏好关系做了进一步引申，给出如定义 6.1 所示的直觉乘法偏好关系。

定义 6.1　对非空有限集 $X = \{x_1, x_2, \cdots, x_n\}$ 中的元素做两两比较，称 $R = (r_{ij})_{n \times n}$ 为直觉乘法偏好关系，若 $r_{ij} = (\rho_{r_{ij}}, \sigma_{r_{ij}})$ 满足 $\rho_{r_{ji}} = \sigma_{r_{ij}}$，$\sigma_{r_{ij}} = \rho_{r_{ji}}$，$1/9 \leqslant \rho_{r_{ij}}$，$\sigma_{r_{ji}} \leqslant 9$，$0 < \rho_{r_{ij}} \sigma_{r_{ij}} \leqslant 1$，并称 r_{ij} 为直觉乘法数，$\rho_{r_{ij}}$ 表示 x_i 优于 x_j 的程度，$\sigma_{r_{ij}}$ 表示 x_i 劣于 x_j 的程度。

Szmidt 和 Kacprzyk（2002）提出了直觉模糊偏好关系的概念。具体如定义 6.2 所示。

定义 6.2　对非空有限集 $X = \{x_1, x_2, \cdots, x_n\}$ 中的元素做两两比较，将比较结果记为 $p_{ij} = (\mu_{p_{ij}}, \nu_{p_{ij}})$。若满足 $\mu_{p_{ij}} = \nu_{p_{ji}}$，$\nu_{p_{ij}} = \mu_{p_{ji}}$，$0 \leqslant \mu_{p_{ij}} + \nu_{p_{ij}} \leqslant 1$，$0 \leqslant \mu_{p_{ij}}$，$\nu_{p_{ij}} \leqslant 1$，则称 $P = (p_{ij})_{n \times n}$，$i, j \in \{1, 2, \cdots, n\}$ 为直觉模糊偏好关系，其中 $\mu_{p_{ij}}$ 表示 x_i 优于 x_j 的程度，$\nu_{p_{ij}}$ 表示 x_i 劣于 x_j 的程度，并称 p_{ij} 为直觉模糊数。

根据上述直觉乘法偏好关系和直觉模糊偏好关系的定义可知，两者都包括两部分：优于关系 $\mu_{b_{ij}}$ 和非优于关系 $\nu_{b_{ij}}$。同类型的偏好关系描述工具，如区间乘法偏好关系和区间模糊偏好关系只是提供了比较结果的选择范围，故使用直觉模糊数描述决策者对 x_i 与 x_j 的偏好程度可以更加合理地描述决策者内心的偏好情况。

乘法偏好关系和模糊偏好关系之间存在密切的联系，Alonso 等（2008）在发表的文章中构造联系两者的关联公式。该公式仅考虑了乘法偏好关系和模糊偏好关系，随着基于两两比较的偏好关系理论体系的发展，随后出现的直觉乘法偏好关系和直觉模糊偏好关系，两者之间应该也会存在某种密切的联系。本部分以 Alonso 等（2008）提出的关系式为基础，进一步给出如定义 6.1 所示的关于直觉乘法偏好关系和定义 6.3 给出的在直觉模糊偏好关系之间构造的转换公式。

定义 6.3　令 $R = (\alpha_{ij})_{n \times n}$ 表示对 n 个元素进行两两比较得到的直觉乘法偏好

关系，其中，$\alpha_{ij} = (\rho_{\alpha_{ij}}, \sigma_{\alpha_{ij}})$ 为直觉乘法数，则 $R = (\alpha_{ij})_{n \times n}$ 的关联直觉模糊偏好关系 $P = (p_{ij})_{n \times n}$，其中，$p_{ij}$ 由式（6-1）可得：

$$p_{ij} = \left(\frac{1 + \log_9 \rho_{\alpha_{ij}}}{2}, \frac{1 + \log_9 \sigma_{\alpha_{ij}}}{2} \right) = (p_{ij}^-, p_{ij}^+) \tag{6-1}$$

其中，(p_{ij}^-, p_{ij}^+) 满足 $p_{ij}^- + p_{ij}^+ \leqslant 1$，且 $0 \leqslant p_{ij}^-$，$p_{ij}^+ \leqslant 1$ 为直觉模糊数。

具体地，由于 $\sigma_{\alpha_{ij}} \rho_{\alpha_{ij}} \leqslant 1$，则 $\log_9(\sigma_{\alpha_{ij}} \rho_{\alpha_{ij}}) \leqslant 0$，从而可以得到 $p_{ij}^- + p_{ij}^+ = \dfrac{1 + \log_9 \rho_{\alpha_{ij}}}{2} + \dfrac{1 + \log_9 \sigma_{\alpha_{ij}}}{2} = 1 + \dfrac{\log_9(\sigma_{\alpha_{ij}} \rho_{\alpha_{ij}})}{2} \leqslant 1$。对任意两个直觉乘法数 α_{ij} 和 β_{ij}，定义 α_{ij}，β_{ij} 之间的直觉乘法距离：

$$d_{IMN}(\alpha_{ij}, \beta_{ij}) = \sqrt{\left[\left(\frac{1 + \log_9 \rho_{\alpha_{ij}}}{2} - \frac{1 + \log_9 \rho_{\beta_{ij}}}{2} \right)^2 + \left(\frac{1 + \log_9 \sigma_{\alpha_{ij}}}{2} - \frac{1 + \log_9 \sigma_{\beta_{ij}}}{2} \right)^2 \right]}$$

即：

$$d_{IMN}(\alpha_{ij}, \beta_{ij}) = \sqrt{\left[\left(\frac{\log_9 \rho_{\alpha_{ij}} - \log_9 \rho_{\beta_{ij}}}{2} \right)^2 + \left(\frac{\log_9 \sigma_{\alpha_{ij}} - \log_9 \sigma_{\beta_{ij}}}{2} \right)^2 \right]} \tag{6-2}$$

直觉乘法距离 $d_{IMN}(\alpha_{ij}, \beta_{ij})$ 具有以下性质：

$$\begin{cases} 0 \leqslant d_{IMN} \leqslant 1; \\ d_{IMN}(\alpha_{ij}, \beta_{ij}) = d_{IMN}(\beta_{ij}, \alpha_{ij}); \\ d_{IMN}(\alpha_{ij}, \beta_{ij}) = 0, \text{当且仅当} \rho_{\alpha_{ij}} = \rho_{\beta_{ij}} \text{时}, \sigma_{\alpha_{ij}} = \sigma_{\beta_{ij}}. \end{cases}$$

式（6-2）对 6.1.3 节计算备选方案决策结果之间的距离有着重要的作用。

6.1.1.2 最优最劣比较思想

在单一的评价准则下，人们在对多个事物做比较的时候，从中任意选取两个做比较，再分别给出结果，比一般的直接打分法更加符合人们的评价习惯。但是，基于两两比较的决策方法有一个短板，即决策者需要在确定的评价标准下，对所有的备选方案做两两比较。当备选方案的数目较多时候，需要比较的次数必然会很大。比较次数越多，评价的结果越相对标准；但是比较次数过多的时候，由于人的有限理性，决策结果的准确性和一致性反而会受到一定程度的影响。为了处理这个问题，本部分在研究过程中引入基于最优项和最劣项的选择评价法，该方法由 Rezaei（2015）在发表的文章中给出。最优最劣法（Best - Worst - Method，BWM）既符合人们的决策习惯，又在保证评价结果可信度的前提下提高决策效率的决策方法。BWM 的评价过程可以用这样一句话做总结：一"选"，二"比"，三"求解"。本节主要介绍第一点"选"和第二点"比"。选择的过程是 BWM 相较传统的基于两两比较的方法的一个最大优势，也是其核心理念，它可以将比较的次数从一般情况下的 $n(n-1)/2$ 次降到 $2n-3$ 次。

政府通过选取一定数量的群众代表，对公共项目的备选方案作评价排序。假设一共有 n 个备选方案，群众代表从自身的实际情况出发对其作出评价。每个代表从候选项中首先选取出最优的方案记为 x_{Best}，最劣的方案记为 x_{Worst}。在每个代表都确定其心中的最优项和最差项之后，从 $\{1, 2, \cdots, 9\}$ 中，选择合适的数值表示最优项 x_{Best} 比最差项 x_{Worst} 优的程度，记为 x_{BW}，9 表示优的程度最大，1 表示对两者的满意度相同，或者表示候选项和自身作比较。确定了 x_{BW} 之后，再给出 x_{Best} 较其余的 $n-2$ 项优的程度和其余的 $n-2$ 项较 x_{Worst} 优的程度。统计比较次数，总共有 $2 \times (n-2)+1=2n-3$ 次。举算例说明，假设有 8 个备选方案需要做评价，对其进行两两比较需要比较 $8 \times (8-1)/2=28$ 次，然而用 BWM 进行比较，则只需要做 $2 \times (8-2)+1=13$ 次的比较即可。显然，BWM 可以有效降低比较次数，在实际应用上也在一定程度上降低了比较误差出现的概率，使其更适用于评价标准或者备选方案数目相对较多的情况。Rezaei（2015）一方面通过误差分析在理论上证明了该方法的合理性；另一方面通过实证法，调研了大学生选择手机的偏好，通过包含 BWM 的不同方法处理调研数据，结果证明 BWM 在实践上也是可靠的。

结合偏好关系的比较思路和最优最劣法的比较思想，本部分给出对决策结果的描述方法。依旧假设有 n 个备选方案 x_i，$i=1, 2, \cdots, n$ 组成一个备选方案集，记作 $X=\{x_1, x_2, \cdots, x_n\}$。首先，评价专家根据自身的观点，选择出各自认为最重要和最不重要的评价标准，分别记为 x_{Best} 和 x_{Worst}。其次，每一个专家只需要给出 x_{Best} 较剩下的 $n-2$ 个评价标准的重要程度，记为 $x_{Bj}=(\rho_{x_{Bj}}, \sigma_{x_{Bj}})$，剩下的 $n-2$ 个评价标准较 x_{Worst} 重要的程度 $x_{iW}=(\rho_{x_{iW}}, \sigma_{x_{iW}})$，$x_{Best}$ 较 x_{Worst} 重要的程度 $x_{BW}=(\rho_{x_{BW}}, \sigma_{x_{BW}})$，共计 $2n-3$ 次比较。$x_{Bj}=(\rho_{x_{Bj}}, \sigma_{x_{Bj}})$，$j \in \{1, 2, \cdots, n\}$，可组成决策向量 $S_B^l=(x_{B1}, x_{B2}, \cdots, x_{Bn})$，称为基于最优项的比较向量；$x_{iW}=(\rho_{x_{iW}}, \sigma_{x_{iW}})$，$i \in \{1, 2, \cdots, n\}$，可组成决策向量 $S_W^l=(x_{1W}, x_{2W}, \cdots, x_{nW})$，称为基于最劣项的比较向量。最后，每一个比较的结果，比如 $x_{ij}=(\rho_{x_{ij}}, \sigma_{x_{ij}})$，满足 $\rho_{x_{ij}}=\sigma_{x_{ji}}$，$\rho_{x_{ji}}=\sigma_{x_{ij}}$，$\rho_{x_{ii}}=\sigma_{x_{ii}}=1$，$0 \leqslant \rho_{x_{ij}}\sigma_{x_{ij}} \leqslant 1$，$1/9 \leqslant \rho_{x_{ij}}$，$\sigma_{x_{ij}} \leqslant 9$，其中 $1 \leqslant \rho_{x_{ij}} \leqslant 9$ 表示优于关系，$1/9 \leqslant \sigma_{x_{ij}} \leqslant 1$ 表示不优于关系，$0 < \rho_{x_{ij}}\sigma_{x_{ij}} < 1$ 表示决策专家不是非常确定，即存在犹豫度，记为 $\tau_{x_{ij}}-1/\rho_{x_{ij}}\sigma_{x_{ij}}$，即 $\tau_{x_{ij}}\rho_{x_{ij}}\sigma_{x_{ij}}=1$，$\tau_{x_{ij}}$ 表示元素 x_i 优于 x_j 的模糊程度，满足 $\tau_{x_{ij}} \in [1, 81]$，取值 1 表示完全确定。

具体地，最优的备选方案 x_{Best} 较其余的某一个备选方案（假设为 x_k），肯定是优于关系，假设 X_{Best} 优于 X_k 的程度为（6, 1/7），其中 6 表示方案 x_{Best} 优于 x_k 的程度为 6 倍，x_{Best} 不优于 x_k 的程度是 1/7，而 $6 \times 1/7=6/7$，该值小于 1，说明存在取值为 7/6 的犹豫度，即决策者认为虽然备选方案 x_{Best} 优于 x_k，但是 x_k 并没有比 x_{Best} 差那么多。在模糊偏好关系理论体系里，称该类表示结果为直觉乘法数，既表达了决策者对两个备选方案进行比较的优于关系的决策结果，又表达了决策者对不优于关系的决策结果，使该评价结果更加接近人们的实际心理状态。

6.1.2　公共项目初选的评价标准权重确定

甘晓龙（2014）将群决策方法引入模糊环境下基础设施项目的建设决策问题中。这里需要指出，该文献所提方法的不足之处是在群决策模型中，决策者的权重是给定的，没有考虑到决策者评价结果的一致性程度对其权重的影响，若给决策结果一致性较差的决策者赋予较高的权重，有可能会影响到最终排序的合理性，进而影响到决策者对现实问题的决策结论。本节将针对基于偏好关系的一致性做深入探究。

6.1.2.1　BWM 比较思想的一致性描述分析

基于两两比较的多准则决策方法，有一个非常重要的考察评价专家决策结果可靠性的概念，这一概念在学术上称为一致性。一致性的意义体现在不考虑优于关系程度的时候，即如果决策者认为 A 比 B 优，B 比 C 优，我们可以明确地推断出 A 比 C 优。西蒙先生（2013）指出，人的理性是有限的，即不会总是给出合理的评价结果，因此会出现反一致性的情况，或者出现不严格满足定量关系的情况。在考虑优于关系的程度的时候，需要满足定量关系式。Xu（2013）讨论了基于乘法偏好关系的决策矩阵的一致性问题，指出对初始决策矩阵中的任意三个比较结果 x_{ij}、x_{ik}、x_{kj}，若满足 $x_{ik}x_{kj}=x_{ij}$，即 $(\rho_{x_{ik}},\ \sigma_{x_{ik}})(\rho_{x_{kj}},\ \sigma_{x_{kj}})=(\rho_{x_{ik}}\rho_{x_{kj}},\ \sigma_{x_{ik}}\sigma_{x_{kj}})=(\rho_{x_{ij}},\ \sigma_{x_{ij}})$，称该决策矩阵满足一致性。本章也需要考虑基于最优项和最劣项比较结果的一致性计算方法。

正如 Rezaei（2015）在其文章中指出的，在多准则决策问题中，决策矩阵的次序一致性是此类问题最重要的一个性质。违反次序一致性的情况时有发生，比如决策者认为第 j 个评价标准与第 i 个评价标准的比较结果 $a_{ij}<1$，但是求解模型之后，最终得到评价标准 i 的权重却比 j 大，即 $w_i>w_j$。

对于由 m 个评价标准构成的集合 $C=\{c_1,\ c_2,\ \cdots,\ c_m\}$，其评价标准对应的权重向量为 $W=(w_1,\ w_2,\ \cdots,\ w_m)$，满足 $\sum_{i=1}^{m} w_i=1$，$w_i\geqslant 0$，$l\in\{1,\ 2,\ \cdots,\ m\}$。在直觉乘法偏好关系的环境下，若最优比较级向量 $S_B^l=(c_{B1},\ c_{B2},\ \cdots,\ c_{Bm})$ 中的元素 $c_{Bj}=(\rho_{c_{Bj}},\ \sigma_{c_{Bj}})$，最劣比较级向量 $S_W^l=(c_{1W},\ c_{2W},\ \cdots,\ c_{mW})$ 中的元素 $c_{iW}=(\rho_{c_{iW}},\ \sigma_{c_{iW}})$，$i,\ j\in\{1,\ 2,\ \cdots,\ m\}$，满足 $c_{Bk}c_{kW}=c_{BW}$，即 $(\rho_{c_{Bk}},\ \sigma_{c_{Bk}})(\rho_{c_{kW}},$

$\sigma_{c_{kW}}) = (\rho_{c_{Bk}}\rho_{c_{kW}},\ \sigma_{c_{Bk}}\sigma_{c_{kW}}) = (\rho_{c_{BW}},\ \sigma_{c_{BW}})$，其中，$\rho_{c_{Bk}} = w_B/w_k$，$\sigma_{c_{Bk}} = w_k/w_B$，$\rho_{c_{kW}}$ $= w_k/w_W$，$\sigma_{c_{kW}} = w_W/w_k$，$\rho_{c_{BW}} = w_B/w_W$，$\sigma_{c_{BW}} = w_W/w_B$，则称最优比较级向量、最劣比较级向量满足标准一致性。在实际决策过程中，该一致性由于要求过高，往往不易 100% 满足，因此需要讨论决策结果满足标准一致性的程度。

6.1.2.2　基于 BWM 比较思想一致性评价标准权重确定

由 $c_{Bk}c_{kW} = c_{BW}$ 可得 $(w_B/w_k)(w_k/w_W) = w_B/w_W$ 为标准一致的条件。当决策结果不满足标准一致性时，则出现误差 α 和 β：$(\rho_{c_{Bk}}-\alpha)(\rho_{c_{kW}}-\alpha) = \rho_{c_{BW}}+\alpha$，$(\sigma_{c_{Bk}}-\beta)(\sigma_{c_{kW}}-\beta) = \sigma_{c_{BW}}+\beta$。考虑一致性最差的情况，有 $(\rho_{c_{BW}}-\alpha^*)(\rho_{c_{BW}}-\alpha^*) = \rho_{c_{BW}}+\alpha^*$，$(\sigma_{c_{BW}}-\beta^*)(\sigma_{c_{BW}}-\beta^*) = \sigma_{c_{BW}}+\beta^*$，将考虑一致性最差的情况重新整理可得：$\alpha^2-(2\rho_{c_{BW}}+1)\alpha+(\rho_{c_{BW}}^2-\rho_{c_{BW}}) = 0$，$\beta^2-(2\sigma_{c_{BW}}+1)\beta+(\sigma_{c_{BW}}^2-\sigma_{c_{BW}}) = 0$。已知 $\rho_{c_{BW}} \in \{1, 2, \cdots, 9\}$，$\sigma_{c_{BW}} \in \{1, 1/2, \cdots, 1/9\}$，从而可得基于优于关系一致性、不优于关系一致性的统计表，如表 6-1 和表 6-2 所示。

表 6-1　基于优于关系的一致性

$\alpha_{x_{BW}}$	1	2	3	4	5	6	7	8	9
CI	0	0.4384	1.0000	1.6277	2.2984	3.0000	3.7251	4.4689	5.2280

表 6-2　基于不优于关系的一致性

$\beta_{x_{BW}}$	1	1/2	1/3	1/4	1/5	1/6	1/7	1/8	1/9
CI	0	2.1180	1.7908	1.6160	1.5062	1.4304	1.3747	1.3321	1.2519

对于最优项比较级向量 S_B 和最劣比较级向量 S_W，由于每个比较向量中的元素都用直觉乘法数表示，即误差来源于优于比较关系和不优于比较关系。为了求解评价标准的权重，在得到决策者的评价结果之后，当误差最小时需要解决下述问题：

$$\begin{cases} \min\left\{ \left|\dfrac{w_B}{w_k}-\alpha_{x_{Bk}}\right|,\ \left|\dfrac{w_k}{w_W}-\alpha_{x_{kW}}\right| \right\} \\ \min\left\{ \left|\dfrac{w_k}{w_B}-\beta_{x_{Bk}}\right|,\ \left|\dfrac{w_W}{w_k}-\beta_{x_{kW}}\right| \right\} \end{cases} \tag{6-3}$$

其中，$w_k \geqslant 0$，$\sum\limits_{k=1}^{m} w_k = 1$，$k = 1, 2, \cdots, m$。

为了解决该问题，可将其分解为以下两个优化模型：

$M_1 \min\xi$, s. t. :

$$
\begin{cases}
\left| \dfrac{w_B}{w_k} - \alpha_{x_{Bk}} \right| \leqslant \xi, \\[2mm]
\left| \dfrac{w_k}{w_W} - \alpha_{x_{kW}} \right| \leqslant \xi, \\[2mm]
w_k \geqslant 0, \\[2mm]
\sum_{k=1}^{n} w_k = 1
\end{cases}
$$

$M_2 \min\eta$, s. t. :

$$
\begin{cases}
\left| \dfrac{w_B}{w_k} - \beta_{x_{Bk}} \right| \leqslant \eta, \\[2mm]
\left| \dfrac{w_W}{w_k} - \beta_{x_{kW}} \right| \leqslant \eta, \\[2mm]
w_k \geqslant 0, \\[2mm]
\sum_{k=1}^{n} w_k = 1
\end{cases}
$$

其中，$k=1, 2, \cdots, m$。

通过求解模型 M_1 和模型 M_2 可得最小误差 $\min\xi$、$\min\eta$，分别记为 ξ^*、η^*，及每个评价标准 w_k，$k=1, 2, \cdots, m$ 的权重。进一步地，根据表 6-1、表 6-2 和对模型 M_1 和模型 M_2 的求解，可以计算每个决策者基于优于关系的一致性指数 $CR_\alpha^t = \dfrac{\alpha^*}{CI\ (\rho_{x_{BW}})}$，基于劣于关系的一致性指数 $CR_\beta^t = \dfrac{\beta^*}{CI\ (\sigma_{x_{BW}})}$。一致性指数的构造原则是消除每个决策者给出的极端值的影响，使不同决策者之间的一致性程度具有可比性。引入调节参数 a 和参数 b，$0 \leqslant a \leqslant 1$，$0 \leqslant b \leqslant 1$，$a+b=1$。考虑 CR_α 和 CR_β 可得决策者的综合一致性指数 $CR^t = a \times CR_\alpha + b \times CR_\beta$，这里的一致性指数实际上表示的是决策者不满足一致性的程度，因此该数值越小的决策者，其一致性程度越高，需要加权的值越高。为了解决这个问题，选出一致性指数最小的数值 $\min\{CR^t \mid t=1, 2, \cdots, T\}$ 并将其视为单位值 1，计算 $S_t = CR^t / \min\{CR^t \mid t=1, 2, \cdots, T\}$，这里 $S_t \in [1, +\infty)$，对其取倒数 $1/S_t \in (0, 1]$，经过这些变换之后，S_t 越大，则说明该决策者的权重应该越大，显然之前选取的标准 1 是具有最大权重的，综合起来可得决策者的权重：

$$
w(DM_t) = \frac{1/S_t}{\sum_{t=1}^{T} 1/S_t} \tag{6-4}
$$

$S_t = DM_t / \min \{ DM_t \mid t = 1, 2, \cdots, T \}$。此时决策专家组可根据其自身的观点和客观需求，确定引入的调节参数 c 和 d 的具体数值，满足 $c + d = 1$ 且 $0 \leq c \leq 1$、$0 \leq d \leq 1$，之后综合考虑基于最优项的比较向量（w_B^l）和基于最劣项的比较向量（w_W^l）分别所占的权重，进而得到评价标准的权重：

$$w^l = c \times w_B^l + d \times w_W^l \tag{6-5}$$

6.1.3　公共项目初选的决策模型

6.1.3.1　基于 ELECTRE Ⅲ的数据处理

关于每一个评价标准 c_l，$l \in \{1, 2, \cdots, m\}$，决策专家 e_t，$t \in \{1, 2, \cdots, T\}$，首先从备选位置 $\{x_1, x_2, \cdots, x_n\}$ 中选出最优位置记为 x_B 和最劣位置记为 x_W，其次比较 x_B 优于所有备选位置的程度（x_B 与自身的比较结果可以记为 $(1, 1)$，也可以由此从决策结果中判断出每一个评价标准下的最优项），得到基于最优项的比较向量 $S_{B(t)}^l = (x_{B_1}, x_{B_2}, \cdots, x_{B_n})$，基于最劣项的比较向量 $S_{W(t)}^l = (x_{i_1 W}, x_{i_2 W}, \cdots, x_{nW})$。最后综合 m 个评价标准，可以获得每个决策专家 e_t 在评价标准 c_l 下的初始决策矩阵 $DM_{B(t)} = (x_{B(t)}^l)_{n \times m}$ 和 $DM_{W(t)} = (x_{W(t)}^l)_{n \times m}$。

这里将评价标准分为两类：效益型的评价标准，用 c^+ 表示；成本型的评价标准，用 c^- 表示。在效益型的评价标准下利用式（6-2），可计算对备选地址的每一个评价结果与 $\alpha^- = \left(\dfrac{1}{9}, 9, 1 \right)$ 的距离 $d_{IMN}(x_{ij}, \alpha^-)$。在成本型的评价标准下，利用式（6-2）计算评价结果与 $\alpha^+ = \left(9, \dfrac{1}{9}, 1 \right)$ 的距离 $d_{IMN}(x_{ij}, \alpha^+)$。通过考察每个决策专家 e_t 的优于关系阈值 p_t，无差异关系阈值 q_t，否定关系的阈值 v_t，由式（6-5）和式（6-6）得到决策矩阵 $DM_{B(t)} = (x_{B(t)}^l)_{n \times m}$ 基于最优项的直觉乘法优于函数 $c_t^l = (x_{Bj_1}, x_{Bj_2})$，决策矩阵 $DM_{W(t)} = (x_{W(t)}^l)_{n \times m}$ 基于最劣项的直觉乘法优于函数 $d_t^l = (x_{i_1 W}, x_{i_2 W})$：

$$\overline{c}_t^l (x_{Bj_1}, x_{Bj_2}) = \begin{cases} 1, & g_t(x_{Bj_1}) + q_t \geq g_t(x_{Bj_2}) \\ 0, & g_t(x_{Bj_1}) + p_t \leq g_t(x_{Bj_2}) \\ \dfrac{p_t - (g_t(x_{Bj_2}) - g_t(x_{Bj_1}))}{p_t - q_t}, & 其他 \end{cases} \tag{6-6}$$

$$\overline{d}_t^l (x_{i_1 W}, x_{i_2 W}) = \begin{cases} 1, & g_t(x_{i_1 W}) + q_t \geq g_t(x_{i_2 W}) \\ 0, & g_t(x_{i_1 W}) + p_t \leq g_t(x_{i_2 W}) \\ \dfrac{p_t - (g_t(x_{i_2 W}) - g_t(x_{i_1 W}))}{p_t - q_t}, & 其他 \end{cases} \tag{6-7}$$

$$g_t^l(x_{ij}) = \begin{cases} d_{IMN}(x_{ij}, \alpha^-), & if \ c_j \in c^+ \\ d_{IMN}(x_{ij}, \alpha^+), & if \ c_j \in c^- \end{cases}, \ i_1, j_1, i_2, j_2 \in \{1, 2, \cdots, n\}。$$

综合考虑所有的评价标准 c_l，$l \in \{1, 2, \cdots, m\}$，可得基于最优项的直觉乘法优于关系矩阵 $\overline{C}_t = [\overline{c}_t(x_{Bj_1}, x_{Bj_2})]_{n \times n}$ 基于最劣项的直觉乘法优于关系矩阵 $\overline{D}_t = [\overline{d}_t(x_{i_1W}, x_{i_2W})]_{n \times n}$，其中 $\overline{c}_t(x_{Bj_1}, x_{Bj_2}) = \sum_{l=1}^{m} w_l \overline{c}_t^l(x_{Bj_1}, x_{Bj_2})$，$\overline{d}_t(x_{i_1W}, x_{i_2W}) = \sum_{l=1}^{m} w_l \overline{d}_t^l(x_{i_1W}, x_{i_2W})$。

通过考察每个决策专家的优于关系阈值 p_t 和否定关系阈值 v_t，由式（6-8）和式（6-9）可得到决策矩阵 $DM_{B(t)} = (x_{B(t)}^l)_{n \times m}$ 基于最优项的直觉乘法犹豫函数 $\widetilde{c}_t^l = (x_{Bj_1}, x_{Bj_2})$，决策矩阵 $DM_{W(t)} = (x_{W(t)}^l)_{n \times m}$ 基于最劣项的直觉乘法犹豫函数 $\widetilde{d}_t^l = (x_{i_1W}, x_{i_2W})$：

$$\widetilde{c}_t^l(x_{Bj_1}, x_{Bj_2}) = \begin{cases} 1, & \log_9(\pi_{Bj_1}) + p_t \geqslant \log_9(\pi_{Bj_2}) \\ 0, & \log_9(\pi_{Bj_1}) + v_t \leqslant \log_9(\pi_{Bj_2}) \\ \dfrac{v_t - (\log_9(\pi_{Bj_2}) - \log_9(\pi_{Bj_1}))}{v_t - p_t}, & 其他 \end{cases} \tag{6-8}$$

$$\widetilde{d}_t^l(x_{i_1W}, x_{i_2W}) = \begin{cases} 1, & \log_9(\pi_{i_1W}) + p_t \geqslant \log_9(\pi_{i_2W}) \\ 0, & \log_9(\pi_{i_1W}) + v_t \leqslant \log_9(\pi_{i_2W}) \\ \dfrac{v_t - (\log_9(\pi_{i_1W}) - \log_9(\pi_{i_2W}))}{v_t - p_t}, & 其他 \end{cases} \tag{6-9}$$

其中，$i_1, j_1, i_2, j_2 \in \{1, 2, \cdots, n\}$，$c^+$ 表示效益型的评价标准，c^- 表示成本型的评价标准，$\alpha^+ = \left(9, \dfrac{1}{9}, 1\right)$，$\alpha^- = \left(\dfrac{1}{9}, 9, 1\right)$。综合考虑所有的评价标准 c_l，$l \in \{1, 2, \cdots, m\}$，可得基于最优项、最劣项的直觉乘法优于关系矩阵，可以分别记作：$\widetilde{C}_t = (\widetilde{c}_t(x_{Bj_1}, x_{Bj_2}))_{n \times n}$，$\widetilde{D}_t = (\widetilde{d}_t(x_{i_1W}, x_{i_2W}))_{n \times n}$，其中，$\widetilde{c}_t(x_{Bj_1}, x_{Bj_2}) = \sum_{l=1}^{m} w_l \widetilde{c}_t^l(x_{Bj_1}, x_{Bj_2})$、$\widetilde{d}_t(x_{i_1W}, x_{i_2W}) = \sum_{l=1}^{m} w_l \widetilde{d}_t^l(x_{i_1W}, x_{i_2W})$。

综合关于 $\overline{c}_t$、$\widetilde{c}_t$ 的基于最优项的一致直觉乘法优于函数，可以得到基于最优项的一致直觉乘法优于特征函数 $\overline{f}_t(x_{Bj_1}, x_{Bj_2})$，基于最劣项的一致直觉乘法优于特征函数 $\widetilde{f}_t(x_{i_1W}, x_{i_2W})$：

$$\overline{f}_t(x_{Bj_1}, x_{Bj_2}) = \overline{r}_t(x_{Bj_1}, x_{Bj_2}) - \overline{r}_t(x_{Bj_2}, x_{Bj_1}) \tag{6-10}$$

$$\widetilde{f}_t\,(x_{i_1W},\ x_{i_2W}) = \widetilde{r}_t\,(x_{i_1W},\ x_{i_2W}) - \widetilde{r}_t\,(x_{i_2W},\ x_{i_1W}) \tag{6-11}$$

其中，$-1 \leqslant \overline{f}_t\,(x_{Bj_1},\ x_{Bj_2}) \leqslant 1$，$-1 \leqslant \widetilde{f}_t\,(x_{i_1W},\ x_{i_2W}) \leqslant 1$，$\overline{r}_t\,(x_{Bj_1},\ x_{Bj_2}) = \overline{c}_t\,(x_{Bj_1},\ x_{Bj_2}) \times \widetilde{c}_t\,(x_{Bj_1},\ x_{Bj_2})$，$\widetilde{r}_t\,(x_{i_1W},\ x_{i_2W}) = \overline{d}_t\,(x_{i_1W},\ x_{i_2W}) \times \widetilde{d}_t\,(x_{i_1W},\ x_{i_2W})$。

根据函数 $\overline{f}_t(x_{Bj_1},\ x_{Bj_2})$ 和 $\widetilde{f}_t(x_{i_1W},\ x_{i_2W})$，考虑所有决策者，可以计算基于最优项的直觉乘法综合优于函数、基于最劣项的直觉乘法综合优于函数，分别如式（6-12）和式（6-13）所示：

$$\overline{\Phi}(x_{Bj_1}) = \sum_{t=1}^{T} \lambda_t\ \overline{\Phi}_t(x_{Bj_1}) \tag{6-12}$$

$$\widetilde{\Phi}(x_{i_1W}) = \sum_{t=1}^{T} \lambda_t\ \widetilde{\Phi}_t(x_{i_1W}) \tag{6-13}$$

其中，$\overline{\Phi}_t(x_{Bj_1}) = \sum_{j_2=1}^{n} \overline{f}_t(x_{Bj_1},\ x_{Bj_2})$，$\widetilde{\Phi}_t(x_{i_1W}) = \sum_{i_2=1}^{n} \widetilde{f}_t(x_{i_1W},\ x_{i_2W})$，$i_1 \neq i_2$，$j_1 \neq j_2$。

6.1.3.2　决策结果的一致性动态调整

通过式（6-11）、式（6-12）可以分别计算出基于最优项和最劣项的备选方案的排序值，据此可以确定最优方案。需要注意的是，这里得到的只是初步的排序值，为了确定排序的准确性，还需要进一步地考察，这里参考 Goletsis 等（2003）给出的计算每个决策者决策矩阵满意度的公式，给出本部分测量矩阵满意度的公式，即基于最优项的满意度计算式（6-14），基于最劣项的满意度计算式（6-15）：

$$\overline{\varphi}_t = 1 - \frac{6\sum_{i=1}^{n}\,(\overline{u}_t(x_i) - \overline{U}(x_i))^2}{n^3 - n} \tag{6-14}$$

$$\widetilde{\varphi}_t = 1 - \frac{6\sum_{i=1}^{n}\,(\widetilde{u}_t(x_i) - \widetilde{U}(x_i))^2}{n^3 - n} \tag{6-15}$$

其中，$\overline{u}_t(x_i)$ 表示决策者 DM_t 基于最优项给出的候选项 x_i 的排序；$\overline{U}(x_i)$ 是 DM_t 基于最优项给出的候选项 x_i 的平均排序值；$\widetilde{u}(x_i)$ 表示决策者 DM_t 基于最劣项给出的候选项 x_i 的排序；$\widetilde{U}(x_i)$ 是 DM_t 基于最劣项给出的候选项 x_i 的平

均排序值。进而可得群满意度 $\overline{\varphi_G} = \sum_{t=1}^{T} \lambda_t \overline{\varphi_t}$，$\widetilde{\varphi_G} = \sum_{t=1}^{T} \lambda_t \widetilde{\varphi_t}$。当群满意度较低时，传统的决策方法是通过让决策者重新评价来解决的，这样相对费时费力。由于有时候影响整体满意度的可能只是个别几个决策结果，所以在一定的限制条件下，可以将其找出并用适当的数值替换，这样可以显著提高决策的有效性。

6.1.3.3 决策结果的动态调整

承接 6.1.3.2 节，若矩阵的一致性情况较差，即不满足决策者设定的下界，则需要对初始决策矩阵中的部分元素进行调整。我们先计算了评价矩阵的误差分布情况，下面给出本章所提方法的误差计算公式给出由式（6-16）和式（6-17）所确定的误差矩阵 $(\overline{\xi_{j_1 j_2}^l})_{n \times m}$ 和 $(\widetilde{\xi_{i_1 i_2}^l})_{n \times m}$：

$$\overline{\xi_{j_1 j_2}^l} = \sqrt{\sum_{t=1}^{T} \lambda_t (\overline{f_{j_1 j_2}^l} - \overline{\overline{f_{j_1 j_2}^l}})} \tag{6-16}$$

$$\widetilde{\xi_{i_1 i_2}^l} = \sqrt{\sum_{t=1}^{T} \lambda_t (\widetilde{f}_{i_1 i_2}^l - \overline{\widetilde{f}_{i_1 i_2}^l})} \tag{6-17}$$

其中，$\overline{\overline{f_{j_1 j_2}^l}} = \sum_{t=1}^{T} \lambda_t \overline{f_{j_1 j_2}^l}$，$\overline{\widetilde{f}_{i_1 i_2}^l} = \sum_{t=1}^{T} \lambda_t \widetilde{f}_{i_1 i_2}^l$。从误差矩阵 $(\overline{\xi_{j_1 j_2}^l})_{n \times m}$ 和 $(\widetilde{\xi_{i_1 i_2}^l})_{n \times m}$ 中，选出矩阵中元素的最大值，记为 $\xi_{j_1^* j_2^*}^l$ 和 $\widetilde{\xi_{i_1^* i_2^*}^l}$，由此可以由式（6-18）和式（6-19）分别找到距离 $\overline{f_{j_1 j_2}^l}$、$\widetilde{f}_{i_1 i_2}^l$ 最远的元素 $f_{j_1^* j_2^* (t^*)}^l$ 和 $f_{i_1^* i_2^* (t^*)}^l$：

$$\lambda_{t^*} (\overline{f_{j_1^* j_2^* (t^*)}^l} - \overline{f_{j_1^* j_2^*}^l})^2 = \max\{\lambda_t (\overline{f_{j_1^* j_2^* (t)}^l} - \overline{f_{j_1^* j_2^*}^l})^2\} \tag{6-18}$$

$$\lambda_{t^*} (\widetilde{f}_{i_1^* i_2^* (t^*)}^l - \widetilde{f}_{i_1^* i_2^*}^l)^2 = \max\{\lambda_t (\widetilde{f}_{i_1^* i_2^* (t)}^l - \widetilde{f}_{i_1^* i_2^*}^l)^2\} \tag{6-19}$$

则将 $f_{j_1^* j_2^* (t^*)}^l$ 和 $f_{i_1^* i_2^* (t^*)}^l$ 分别用 $\overline{f_{j_1 j_2}^l}$、$\widetilde{f}_{i_1 i_2}^l$ 替换，并保持其他元素不变，$\overline{f_{j_1 j_2}^l}$，$\overline{f_{i_1 i_2}^l}$ 由式（6-20）和式（6-21）确定：

$$\overline{f_{j_1 j_2 (t)}^{s+1}} = \begin{cases} \overline{f_{j_1 j_2 (t)}^s}, & \text{若 } j_1 = j_1^*,\ j_2 = j_2^*,\ t = t^*; \\ f_{j_1 j_2 (t)}^s, & \text{其他} \end{cases} \tag{6-20}$$

$$\widetilde{f}_{i_1 i_2 (t)}^{s+1} = \begin{cases} \widetilde{f}_{j_1 i_2 (t)}^s, & \text{若 } j_1 = j_1^*,\ j_2 = j_2^*,\ t = t^*; \\ f_{j_1 i_2 (t)}^s, & \text{其他} \end{cases} \tag{6-21}$$

其中，s 表示对决策矩阵的第 s 次调整。利用这个决策元素的自动调整可以有效的对决策矩阵进行修正，其合理性可以通过定理 6.4 证明。

定理 6.4 令 $Q_{Bj_1}^s = \{f_{Bj_1(1)}^s, f_{Bj_1(2)}^s, \cdots, f_{Bj_1(t)}^s\}$ $(j_1 = 1, 2, \cdots, n)$ 为第 s 次

调整的基于最优项的一致直觉乘法优于特征函数序列，$Q_{i_1 W}^s = \{f_{i_1 W(1)}^s, f_{i_1 W(2)}^s, \cdots,$ $f_{i_1 W(t)}^s\}$，$i_1 = 1, 2, \cdots, n$，为第 s 次调整的基于最劣项的一致直觉乘法优于特征函数序列，由式（6-16）和式（6-17）确定的误差 $\xi_{j_1 j_2}^s$ 和 $\xi_{i_1 i_2}^s$ 满足 $\lim\limits_{s \to \infty} \xi_{j_1 j_2}^s = 0$，$\lim\limits_{s \to \infty} \xi_{i_1 i_2}^s = 0$。

证明：由式（6-14）和式（6-15）可知，误差序列 $\{\overline{\xi_{j_1 j_2}^l}\}$，$\{\widetilde{\xi_{i_1 i_2}^l}\}$，$j_1, j_2 \in \{1, 2, \cdots, n\}$，$i_1, i_2 \in \{1, 2, \cdots, n\}$ 是单调递减的，且有下界 $\overline{\xi_{j_1 j_2}^l} \geq 0$，$\widetilde{\xi_{i_1 i_2}^l} \geq 0$，由极限定理可知 $\lim\limits_{s \to \infty} \xi_{j_1 j_2}^s$ 和 $\lim\limits_{s \to \infty} \xi_{i_1 i_2}^s$ 的极限存在，分别记为 ς 和 ζ；进一步地，由式（6-16）和式（6-17）可知，若 $\varsigma > 0$ 或 $\zeta > 0$，则总能从中找到距离 $\overline{f_{j_1 j_2}^l}$，$\widetilde{f_{i_1 i_2}^l}$ 最远的元素，并分别得到新的误差 $\xi_{j_1^* j_2^*}^l$ 和 $\xi_{i_1^* i_2^*}^l$，从而可以继续进行由式（6-18）和式（6-19）给出的调整方法，直到误差最小，即到达下界，而 $\varsigma = \inf\{\overline{\xi_{j_1 j_2}^l}\}$ 和 $\zeta = \inf\{\overline{\xi_{i_1 i_2}^l}\}$，故 $\varsigma = 0$，$\zeta = 0$。

6.2 公众参与公共项目的多准则群决策流程分析

本节拟将公共项目的决策过程分为两个部分：第一部分以 6.1 节的研究内容为理论依据和方法工具基础，为专家群体参与的决策过程的预筛选阶段；第二部分以第 4 章和第 5 章的研究内容为理论依据和方法工具基础，重点探讨公众参与的大群体决策过程。在确定备选方案集 $X = \{x_1, x_2, \cdots, x_n\}$ 和评价标准集 $C = \{c_1, c_2, \cdots, c_m\}$ 之后，给出如图 6-1 所示的决策流程。

首先判断评价标准集合以及备选方案集合中的元素个数是否较多，本书以 5 个元素为临界值。假如元素数目超过 5 个，则需要进行筛选再引入公众参与公共项目的决策过程。

初选部分：

Step 1.1 根据 6.1.1 节给出的基于直觉偏好关系的 BWM 比较方法，决策专家集合为 e_t，$t \in \{1, 2, \cdots, T\}$，以及评价标准 c_l，$l \in \{1, 2, \cdots, m\}$ 给出的基于最优项的比较向量 $S_{B(t)}^l = (x_{B1}, x_{B2}, \cdots, x_{Bn})$，基于最劣项的比较向量 $S_{W(t)}^l = (x_{1W}, x_{2W}, \cdots, x_{nW})$。

Step 1.2 采用 6.1.2 节构造的模型 M_1 和模型 M_2，计算 Step 1.1 得到的决策矩阵的一致性，进而由式（6-4）和式（6-5）计算决策者和评价标准的权重。

Step 1.3 针对备选方案数量较多的情况，首先同样利用 6.1.1 节给出的基于直觉偏好关系的 BWM 给出基于最优项的比较向量 $S_{B(t)}^l = (x_{B1}, x_{B2}, \cdots, x_{Bn})$，

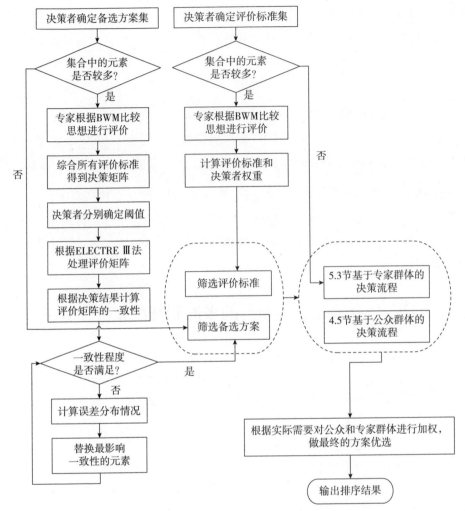

图6-1　公众参与公共项目的大群体决策流程分析

基于最劣项的比较向量 $S_{W(t)}^l = (x_{1W}, x_{2W}, \cdots, x_{nW})$，综合 m 个评价标准，可以获得每个决策专家 e_t 的初始决策矩阵 $DM_{B(t)} = (x_{B(t)}^l)_{n \times m}$ 和 $DM_{W(t)} = (x_{W(t)}^l)_{n \times m}$。每个决策者根据自身经验给出基于 ELECTRE Ⅲ 法的阈值。

Step 1.4 决策者由式（6-6）和式（6-7）得到决策矩阵 $DM_{B(t)} = (x_{B(t)}^l)_{n \times m}$ 基于最优项的直觉乘法优于函数 $c_t^l = (x_{Bj_1}, x_{Bj_2})$，决策矩阵 $DM_{W(t)} = (x_{W(t)}^l)_{n \times m}$ 基于最劣项的直觉乘法优于函数 $\overline{d_t^l} = (x_{i_1W}, x_{i_2W})$。

Step 1.5 通过考察每个决策专家的优于关系阈值 p_t 和否定关系阈值 v_t，由式（6-8）和式（6-9）可得到决策矩阵 $DM_{B(t)} = (x_{B(t)}^l)_{n \times m}$ 基于最优项的直觉乘

法犹豫函数 $\widetilde{c_t^l} = \left(x_{Bj_1}, \ x_{Bj_2} \right)$，决策矩阵 $DM_{W(t)} = \left(x_{W(t)}^l \right)_{n \times m}$ 基于最劣项的直觉乘法犹豫函数 $\widetilde{d_t^l} = \left(x_{i_1W}, \ x_{i_2W} \right)$。

Step 1.6　应用式（6-12）和式（6-13）计算基于最优项的直觉乘法综合优于函数、基于最劣项的直觉乘法综合优于函数，得到备选方案的初始排序结果。

Step 1.7　根据基于最优项的满意度计算公式为式（6-14）、基于最劣项的满意度计算公式为式（6-15），计算初始决策矩阵的一致性情况。

Step 1.8　若一致性较低，则需要用式（6-16）和式（6-17）确定误差矩阵，再由式（6-18）和式（6-19）找到最影响决策矩阵一致性的元素，应用式（6-20）和式（6-21）将最影响决策矩阵一致性的元素做替换，然后再一次计算修正之后的决策矩阵的一致性情况。为了保证修正结果的合理性，这里将修正次数的上限规定为 3 次。

Step 1.9　将 Step 1.8 中得到的评价标准和备选方案的做初步筛选，并做评价标准的权重标准化。

Step 1.10　初选部分结束。

决策部分：

Step 2.1　根据筛选后的备选方案集和评价标准集，利用 4.5 节给出的基于公众群体的公共项目决策过程，得到公众群体的决策结果；利用 5.3 节给出的基于专家群体的公共项目决策过程，得到专家群体的决策结果。

Step 2.2　考虑公众给出的决策结果和专家给出的决策结果，根据实际情况，分别对其加权，得到最终的排序结果。

Step 2.3　决策部分结束。

6.3　案例分析

为了丰富市民的精神文化生活和响应党中央的政策号召，建设带有中国特色的现代公共文化服务体系，某省会级城市的文化部门通过统计目前城市的公共文化设施建设现状，决定为城市建设一批顺应城市文化发展方向的公共文化场馆设施。考虑到单一功能的文化场馆只能吸引固定的人群，为了形成场馆的聚集效应，吸引更多市民参与，以提高公共文化设施的服务效能，该市文化部门会同其他相关部门通过讨论决定建设一个具有综合服务能力的文化中心，其中包括图书馆、文化馆、文化广场等基础公共文化设施。在综合考虑城市现有的文化设施场馆分布和旧城改造工程后，从城市内部的行政区内共选取了 11 处可以考虑建设公共文化场馆中心的地点，并从专家库中选择出三位决策专家对此进行初步的评价筛选。

初选部分：

Step 1.1 专家组根据该市备选位置的实际情况，在评价标准集 $C = \{c_1, c_2, \cdots, c_7\}$ 下，给出每个评价标准的最优比较级向量 S_B^l 和最劣比较级向量 S_W^l，可得到最优比较级向量和最劣比较级向量分别对应的初始决策矩阵 $D(S_B) = ((S_B^l)^T)_{11 \times 7}$ 和 $D(S_W) = ((S_W^l)^T)_{11 \times 7}$，具体见附录4。

Step 1.2 根据图6-1可知，由优化模型 M_1 和模型 M_2 可以求解基于最优项比较向量的权重（w_B^l）和基于最劣项的比较向量的权重（w_W^l）的评价标准的权重及每个专家的最小误差权重，具体如表6-3所示。

表6-3　每个决策专家给出的每个评价标准的权重及其最小误差

评价标准	DM_1		DM_2		DM_3	
	基于最优项	基于最劣项	基于最优项	基于最劣项	基于最优项	基于最劣项
C_1	0.1185	0.1134	0.1585	0.1199	0.3167	0.4619
C_2	0.1706	0.1344	0.3761	0.4257	0.1691	0.1374
C_3	0.3881	0.4554	0.1463	0.1461	0.2820	0.1413
C_4	0.0399	0.0283	0.0435	0.0338	0.0461	0.0656
C_5	0.1185	0.0945	0.1044	0.1120	0.0957	0.0847
C_6	0.0908	0.0983	0.1120	0.0986	0.0347	0.0244
C_7	0.0736	0.0758	0.0592	0.0639	0.0558	0.0835
最小误差	0.7521	0.0491	0.6411	0.0317	1.1270	0.0558

进一步地，可得每个决策者基于最优项的一致性指数 $CR_\alpha^t = \dfrac{\alpha^*}{CI(\rho_{x_{BW}})}$，基于最劣项的一致性指数 $CR_\beta^t = \dfrac{\beta^*}{CI(\sigma_{x_{BW}})}$，引入调节参数 a 和参数 b，$0 \le a \le 1$，$0 \le b \le 1$，且满足关系 $a + b = 1$。由 CR_α 和 CR_β 可得决策者的综合一致性指数，从而得出决策者的权重 $w(DM_t) = \dfrac{1/S_t}{\sum\limits_{t=1}^{T} S_t}$，$S_t = DM_t / \min\{DM_t \mid t = 1, 2, 3\}$。此时决策专家组可根据其需求引入调节参数 c 和参数 d，$c + d = 1$ 且 $0 \le c \le 1$，$0 \le d \le 1$，综合考虑（w_B^l）和（w_W^l）分别所占的权重，得到评价标准的最终权重 $w^l = c \times w_B^l +$

$d \times w_W^l$，$l \in \{1, 2, \cdots, 7\}$。在本案例中，为了均衡考虑每个专家基于最优项和最劣项的一致性程度，令 $a = 0.5$，$b = 0.5$，$c = 0.5$，$d = 0.5$，结果如表 6-4 所示。

表 6-4　决策专家的一致性程度及其权重

	DM_1		DM_2		DM_3	
	基于最优项	基于最劣项	基于最优项	基于最劣项	基于最优项	基于最劣项
误差	0.7521	0.0491	0.6411	0.0317	1.1270	0.0558
CI	5.2280	1.2519	4.4689	1.2519	4.4689	1.3321
CR	0.1439	0.0392	0.1435	0.0253	0.2522	0.0419
$a = 0.5$，$b = 0.5$	0.0915		0.0844		0.1470	
标准化权重	0.3694		0.4007		0.2300	

进而得到加权以后的评价标准的权重，如表 6-5 所示。

表 6-5　加权以后的决策标准的权重

		C_1	C_2	C_3	C_4	C_5	C_6	C_7
DM_1	基于最优项	0.0438	0.0630	0.1434	0.0147	0.0438	0.0335	0.0272
	基于最劣项	0.0419	0.0496	0.1682	0.0105	0.0349	0.0363	0.0280
	$c = 0.5$，$d = 0.5$	0.0428	0.0563	0.1558	0.0126	0.0393	0.0349	0.0276
DM_2	基于最优项	0.0635	0.1507	0.0586	0.0174	0.0418	0.0449	0.0237
	基于最劣项	0.0480	0.1706	0.0585	0.0135	0.0449	0.0395	0.0256
	$c = 0.5$，$d = 0.5$	0.0558	0.1606	0.0586	0.0155	0.0434	0.0422	0.0247
DM_3	基于最优项	0.0728	0.0389	0.0649	0.0106	0.0220	0.0080	0.0128
	基于最劣项	0.1062	0.0316	0.0325	0.0151	0.0195	0.0059	0.0192
	$c = 0.5$，$d = 0.5$	0.0895	0.0352	0.0487	0.0128	0.0207	0.0069	0.0160
综合权重		0.1881	0.2522	0.2631	0.0409	0.1034	0.0840	0.0683

Step 1.3　在得到评价标准的权重和决策者的权重之后，根据决策流程，下面将利用 6.1.3 节给出的备选方案评价结果和数据处理方法。决策专家组需要根据自身的专业知识和经验确定阈值函数集合 $\{q_t\}$、$\{p_t\}$、$\{v_t\}$，如表 6-6 所示。

表6-6　决策专家确定的决策阈值

	q_t	p_t	v_t
DM_1	0.04	0.14	0.30
DM_2	0.06	0.16	0.36
DM_3	0.10	0.20	0.35

Step 1.4~1.5　对 $DM_{B(t)}$ 和 $DM_{W(t)}$，$l \in \{1, 2, \cdots, 7\}$ 应用式（6-12）和式（6-13）计算基于最优项的直觉乘法综合优于函数、基于最劣项的直觉乘法综合优于函数，并由此得到候选项在每个评价标准下的序值 $\overline{u_1}$、$\overline{u_2}$、$\overline{u_3}$ 和平均序值 $\overline{U}$，如表6-7和表6-8所示。

表6-7　备选方案基于最优项的序值及满意度

备选项	DM_1		DM_2		DM_3		加权	
	$\overline{\Phi_1}$	$\overline{u_1}$	$\overline{\Phi_2}$	$\overline{u_2}$	$\overline{\Phi_3}$	$\overline{u_3}$	$\overline{\Phi}$	$\overline{U}$
x_1	−0.7212	6	−0.5338	6	1.8821	4	−0.0474	6
x_2	−4.5380	11	−4.9883	11	−5.1430	11	−4.8580	11
x_3	8.0118	1	6.1628	1	5.1981	1	6.6246	1
x_4	−2.3164	8	1.5463	4	2.8541	3	0.4203	5
x_5	4.4518	2	4.5743	2	3.3746	2	4.2536	2
x_6	−2.7148	10	−2.2358	8	−1.2859	8	−2.1945	9
x_7	1.6937	3	0.9800	5	−1.7470	9	0.6165	3
x_8	−2.4602	9	−2.6542	10	−0.1161	5	−1.9990	8
x_9	−2.1338	7	−2.3769	9	−2.6363	10	−2.3470	10
x_{10}	0.5692	4	1.6604	3	−1.1794	6	0.6043	4
x_{11}	0.1580	5	−2.1347	7	−1.2012	7	−1.0733	7
满意度	89.09%		94.55%		73.64%		87.73%	

表6-8　备选方案基于最劣项的序值及满意度

备选项	DM_1		DM_2		DM_3		加权	
	$\widetilde{\Phi_1}$	$\widetilde{u_1}$	$\widetilde{\Phi_1}$	$\widetilde{u_2}$	$\widetilde{\Phi_3}$	$\widetilde{u_3}$	$\widetilde{\Phi}$	$\widetilde{U}$
x_1	0.3279	5	0.6738	4	0.8069	4	0.5767	3

续表

备选项	DM_1		DM_2		DM_3		加权	
	$\widetilde{\varPhi_1}$	$\widetilde{u_1}$	$\widetilde{\varPhi_1}$	$\widetilde{u_2}$	$\widetilde{\varPhi_3}$	$\widetilde{u_3}$	$\widetilde{\varPhi}$	$\widetilde{U}$
x_2	−3.8947	11	−4.8114	11	−3.9396	11	−4.2727	11
x_3	6.6059	1	6.8288	1	7.0220	1	6.7915	1
x_4	−3.5904	10	−3.1252	10	−2.6815	9	−3.1953	10
x_5	4.0622	2	3.2881	2	3.2204	2	3.5588	2
x_6	−0.8781	7	−1.1036	7	−0.9114	6	−0.9762	7
x_7	−1.5457	8	1.8417	3	1.7092	3	0.5601	4
x_8	−0.4748	6	−0.9808	6	−1.5375	8	−0.9221	6
x_9	−1.6867	9	−1.4033	8	−1.0683	7	−1.4311	9
x_{10}	0.4926	4	−1.4815	9	−3.0818	10	−1.1205	8
x_{11}	0.5819	3	0.2736	5	0.4616	5	0.4307	5
满意度	81.82%		98.18%		92.73%		90.89%	

Step 1.6~1.7 根据基于最优项的满意度计算公式（6-14），基于最劣项的满意度计算公式（6-15），计算初始决策矩阵的一致性情况。若满足设定的标准，则转至第二部分，即决策部分；若没有满足设定的标准，则进行下面的决策部分。参考 You 等（2016）将满意度标准设置为 90%，本案例同样将满意度设为 90%。由表 6-7 和表 6-8 可知，表 6-7 中基于最优项的满意度较差，需要修正，使用式（6-16）和式（6-17）确定误差矩阵，总结结果如表 6-9 所示，并找出引起误差的决策项。$\bar{\xi}_{11,4}=\bar{\xi}_{4,11}=0.3716$ 为最大误差项。

表 6-9 基于最优项的误差统计

	x_1	x_2	x_3	x_4	x_5	x_6	x_7	x_8	x_9	x_{10}	x_{11}
x_1	0.0000	0.1435	0.2099	0.1665	0.1812	0.1368	0.2472	0.0832	0.1137	0.3001	0.1543
x_2	0.1435	0.0000	0.1286	0.1351	0.0711	0.1851	0.1837	0.1278	0.0255	0.0783	0.0918
x_3	0.2099	0.1286	0.0000	0.2216	0.2136	0.1299	0.1517	0.1392	0.0289	0.1965	0.1574
x_4	0.1665	0.1351	0.2216	0.0000	0.2672	0.1083	0.3094	0.2247	0.2214	0.2718	0.3716
x_5	0.1812	0.0711	0.2136	0.2672	0.0000	0.1074	0.0679	0.1465	0.0386	0.1974	0.1283
x_6	0.1368	0.1851	0.1299	0.1083	0.1074	0.0000	0.2672	0.1237	0.1426	0.2012	0.1932

续表

	x_1	x_2	x_3	x_4	x_5	x_6	x_7	x_8	x_9	x_{10}	x_{11}
x_7	0.2472	0.1837	0.1517	0.3094	0.0679	0.2672	0.0000	0.3453	0.0856	0.1812	0.1585
x_8	0.0832	0.1278	0.1392	0.2247	0.1465	0.1237	0.3453	0.0000	0.1323	0.1970	0.1035
x_9	0.1137	0.0255	0.0289	0.2214	0.0386	0.1426	0.0856	0.1323	0.0000	0.0965	0.0802
x_{10}	0.3001	0.0783	0.1965	0.2718	0.1974	0.2012	0.1812	0.1970	0.0965	0.0000	0.1063
x_{11}	0.1543	0.0918	0.1574	0.3716	0.1283	0.1932	0.1585	0.1035	0.0802	0.1063	0.0000

Step 1.8 由式（6-18）和式（6-19）找到最影响决策矩阵一致性的元素，再应用式（6-20）和式（6-21）替换最影响决策矩阵一致性的元素，重新计算满意度，若满足设定的标准，则转至 Step 1.10；若不满足，则重复利用式（6-18）和式（6-19）继续寻找，重复利用式（6-20）和式（6-21）继续修正，直至满足设定的标准。

需要指出的是，此处设定最大修正次数 $s=3$。由定义 6.1 可知，虽然通过不断修正可提高满意度，但是修正次数过多会使修正后的排序结果失真，从而失去初始决策矩阵自身的价值。第一次修正结果如表 6-10 所示。此时满意度依旧未达 90%，为此进行第二次修正，得到表 6-11 所示的修正结果。

表 6-10　基于最优项的第一次修正后的序值及满意度

备选项	DM_1		DM_2		DM_3		加权	
	$\overline{\Phi_1}$	$\overline{u_1}$	$\overline{\Phi_2}$	$\overline{u_2}$	$\overline{\Phi_3}$	$\overline{u_3}$	$\overline{\Phi}$	$\overline{U}$
x_1	−0.7212	6	−0.5338	6	1.8821	4	−0.0474	6
x_2	−4.5380	11	−4.9883	11	−5.1430	11	−4.8580	11
x_3	8.0118	1	6.1628	1	5.1981	1	6.6246	1
x_4	−1.8309	7	1.5463	4	2.8541	3	0.5997	5
x_5	4.4518	2	4.5743	2	3.3746	2	4.2536	2
x_6	−2.7148	10	−2.2358	8	−1.2859	8	−2.1945	9
x_7	1.6937	3	0.9800	5	−1.7470	9	0.6165	3
x_8	−2.4602	9	−2.6542	10	−0.1161	5	−1.9990	8
x_9	−2.1338	8	−2.3769	9	−2.6363	10	−2.3470	10
x_{10}	0.5692	4	1.6604	3	−1.1794	6	0.6043	4
x_{11}	−0.3276	5	−2.1347	7	−1.2012	7	−1.2527	7
满意度	93.64%		94.55%		73.64%		89.41%	

表 6-11　基于最优项的第二次修正后的序值及满意度

备选项	DM_1		DM_2		DM_3		加权	
	$\overline{\Phi_1}$	$\overline{u_1}$	$\overline{\Phi_2}$	$\overline{u_2}$	$\overline{\Phi_3}$	$\overline{u_3}$	$\overline{\Phi}$	$\overline{U}$
x_1	-0.7212	6	-0.5338	6	1.8821	4	-0.0474	6
x_2	-4.5380	11	-4.9883	11	-5.1430	11	-4.8580	11
x_3	8.0118	1	6.1628	1	5.1981	1	6.6246	1
x_4	-1.8309	7	1.5463	4	2.8541	3	0.5997	5
x_5	4.4518	2	4.5743	2	3.3746	2	4.2536	2
x_6	-2.7148	10	-2.2358	8	-1.2859	9	-2.1945	9
x_7	1.6937	3	0.9800	5	-1.2041	8	0.7414	3
x_8	-2.4602	9	-2.6542	10	-0.6591	5	-2.1239	8
x_9	-2.1338	8	-2.3769	9	-2.6363	10	-2.3470	10
x_{10}	0.5692	4	1.6604	3	-1.1794	6	0.6043	4
x_{11}	-0.3276	5	-2.1347	7	-1.2012	7	-1.2527	7
满意度	93.64%		94.55%		79.09%		90.66%	

Step 1.9　对基于最优的决策结果进行两次修正后，最终的满意度都达到标准，在允许范围之内，从而得到最后的权重。对基于最优项和最劣项的最后权重引入参数 λ，根据 $\lambda\overline{\Phi} + (1-\lambda)\widetilde{\Phi}$ 做线性加权，得到综合加权，并据此进行排序，结果如表 6-12 所示。

表 6-12　加权后的排序结果

	权重		加权之后各方案的排序值（$\lambda\overline{\Phi} + (1-\lambda)\widetilde{\Phi}$）				
方案	$\overline{\Phi}$	$\widetilde{\Phi}$	$\lambda = 0.1$	$\lambda = 0.3$	$\lambda = 0.5$	$\lambda = 0.7$	$\lambda = 0.9$
1	-0.0474	0.5767	6	4	4	4	4
2	-4.8580	-4.2727	11	11	11	11	11
3	6.6246	6.7915	1	1	1	1	1
4	0.5997	-3.1953	5	6	7	10	10
5	4.2536	3.5588	2	2	2	2	2
6	-2.1945	-0.9762	9	9	9	8	8
7	0.7414	0.5601	3	3	3	3	3
8	-2.1239	-0.9221	8	8	8	7	7
9	-2.3470	-1.4311	10	10	10	9	9
10	0.6043	-1.1205	4	5	5	6	6
11	-1.2527	0.4307	7	7	6	5	5

通过统计方案在前五名中出现的频率，最终确定方案3、方案5、方案7、方案1、方案10为初选之后可以进入下一轮公众参与决策的备选方案。

初选结果分析：

在确定决策者权重的模型构建过程中引入参数 a 和参数 b，调节决策专家基于最优项的一致性程度和基于最劣项的一致性程度对其权重的影响。表 6-7 和表 6-8只给出了 $a=0.5$，$b=0.5$ 的情况，a 和 b 取其他值的情况如图 6-2 所示。通过图 6-2 中折线图的交点可以明显地看出 a 和 b 的取值对决策者的权重会产生较大的影响。

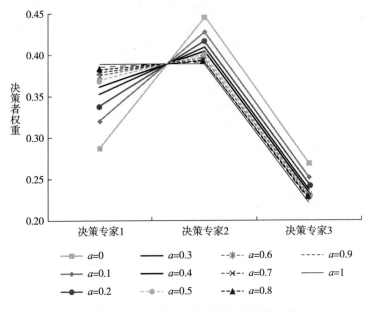

图 6-2　调节参数 a 对决策者权重影响示意

在确定评价标准权重的模型构建过程中，引入参数 c 和参数 d，调节基于最优项的评价结果和基于最劣项的评价结果对综合评价标准权重的影响。表 6-5 只给出了 $a=0.5$，$b=0.5$ 时，$c=0.5$ 且 $d=0.5$ 所确定的评价标准的权重，c 和 d 取其他值的情况如图 6-3 所示。

由图 6-3 可以看出，c 取不同的数值时，评价标准的权重大小发生了明显变化，但是整体的排序在本案例中并未发生较大变化，这说明本案例选取的评价标准的区别度较大，即能较好地将候选项的优势、劣势进行区别。

评价标准的权重会影响最终的排序结果，图 6-4 给出当调节参数 c 取不同值时，对应不同的评价标准下备选方案不同的最终排序结果。为了更清楚地表示 c

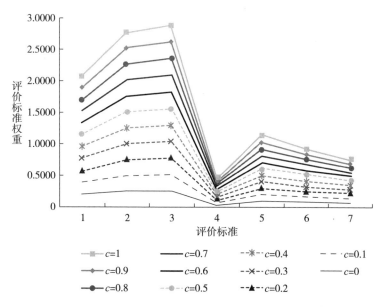

图 6-3 调节参数 c 对评价标准权重影响示意

的取值对最终排序的影响，图 6-4 选取 $c=0$、$c=0.5$ 和 $c=1$ 三种情况进行展示，折线的交点可明显地说明备选方案在不同的 c 值下的排序是不一样的，也说明了引入该调节参数的必要性。

决策部分：

由初选部分得到的 7 个评价标准的权重，依次为 0.19、0.25、0.26、0.04、0.10、0.08、0.07，考虑评价标准权重的区别度，其中标准 4 的权重仅为 0.04，区别度过低，因此在接下来群众参与决策的计算过程中，将其省略，只考虑其余 6 个评价标准。这里将评价标准重新排序，依次为评价标准一（0.19）、评价标准二（0.25）、评价标准三（0.26）、评价标准四（0.10）、评价标准五（0.08）、评价标准六（0.07）。在初选部分专家群体初步决策的结果中，选出在前五名中出现频率最高的五个方案，作为公众参与决策备选方案，依次为方案 3、方案 5、方案 7、方案 1、方案 10，在本节中对其顺次重新命名为方案一（方案 3）、方案二（方案 5）、方案三（方案 7）、方案四（方案 1）、方案五（方案 10）。

Step 2.1 为了最大限度地考虑公众偏好，政府与专家共同商讨之后，在满足统计规律的前提下，随机选择 100 个公众以不记名的形式参与此次决策过程。采用 4.2.1 节给出的对公众决策初始结果的描述方法，对于该公共项目，公众需

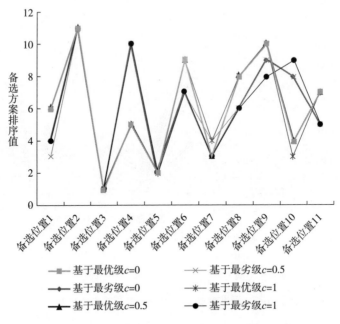

图6-4 调节参数 c 对备选方案的排序影响示意

要考虑现有的 7 个评价标准，然后对 5 个备选方案给出自己的满意度和不满意度。在标准 C_j，$j \in \{1, 2, \cdots, 7\}$ 下，对所评价的方案 X_i，$i \in \{1, 2, 3, 4, 5\}$，第 t 个公众给出的评价结果用 $b_{ij}^t = (u_{a_{ij}^t}, v_{a_{ij}^t})$ 表示，$u_{a_{ij}^t}$ 表示对该项目的满意度，$v_{a_{ij}^t}$ 表示不满意度；以 100 分为满分，表示满意度最大，0 分为最低分，表示满意度最小。在实际操作的过程中，必须强调一点，$u_{a_{ij}^t}$ 和 $v_{a_{ij}^t}$ 之和不能超过 100 分。如果出现只给出 $u_{a_{ij}^t}$ 和 $v_{a_{ij}^t}$ 中一个的，可通过计算得到另一个；如果评价结果出现 $u_{a_{ij}^t}$ 和 $v_{a_{ij}^t}$ 之和大于 100 的，则可以考虑舍去该评价结果。

对于收集到的数据 $b_{ij}^t = (u_{a_{ij}^t}, v_{a_{ij}^t})$，令 $\mu_{ij}^t = u_{a_{ij}^t}/100$，$\nu_{ij}^t = v_{a_{ij}^t}/100$，则可以得到满足条件的直觉模糊数 $a_{ij}^t = (\mu_{a_{ij}}, \nu_{a_{ij}})$。在得到的 100 个初始评价结果中，删除部分不合理的评价结果，初步整理得到 90 个满足要求的结果。根据 4.6 节的聚类结果分析，在利用第 4.3.2 节给出的大群体决策的聚类方法时，可以只选择阈值 $\gamma = 0.78$，$\gamma = 0.79$，$\gamma = 0.80$，$\gamma = 0.81$，对这 90 个初始结果进行聚类分析。通过 Netlogo 的 500 步演化，选择最后较为稳定的 100 步运行结果作为聚类参考，聚类结果如图 6-5 ~ 图 6-8、表 6-13 所示。

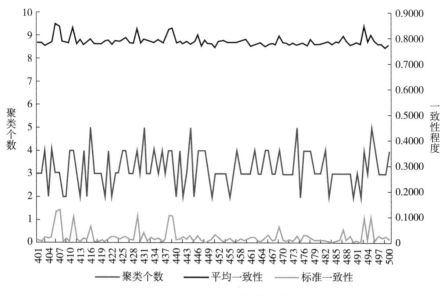

图 6-5　$\gamma = 0.78$ 时的聚类结果

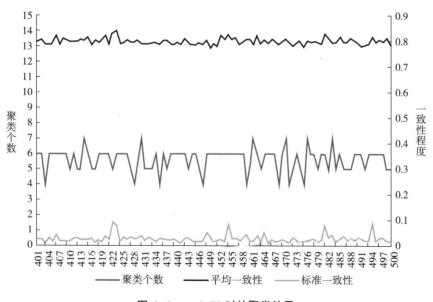

图 6-6　$\gamma = 0.79$ 时的聚类结果

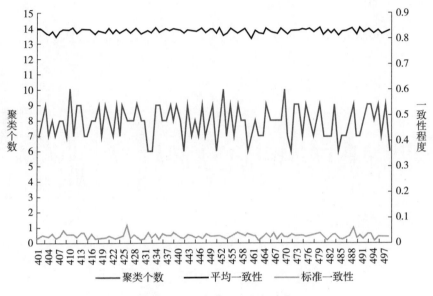

图 6-7 $\gamma = 0.80$ 时的聚类结果

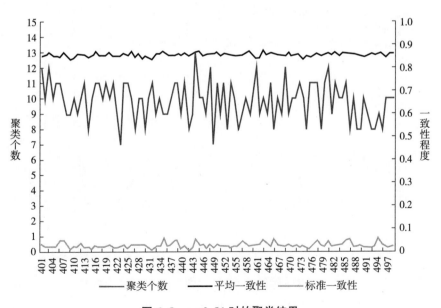

图 6-8 $\gamma = 0.81$ 时的聚类结果

表6-13 γ=0.79 时的聚类结果分析

演化次数	聚类个数	平均一致性	标准一致性
459	4	0.8085	0.0450
428	4	0.7986	0.0261
471	4	0.7972	0.0109
403	4	0.7911	0.0118
468	4	0.7897	0.0194
447	4	0.7895	0.0202
435	4	0.7885	0.0293

从中选择聚类最稳定的阈值0.79，分析结果如表6-13所示，对聚类数目较少且一致性较高的第459次演化的结果做了进一步分析，如表6-14所示。

表6-14 第459次演化结果

聚类	成员个数	成员序号	平均一致性
1	45	1，3，4，5，6，7，10，14，19，20，21，24，29，30，31，32，35，39，40，42，44，45，50，54，56，57，59，60，61，63，64，66，67，68，70，71，73，74，75，76，78，80，84，86，87，88，89	0.8349
2	29	2，12，13，15，17，18，22，25，26，27，28，32，33，34，36，41，43，46，47，48，49，51，52，53，58，82，83，85，90	0.8549
3	8	9，23，38，62，69，77，79，81	0.8251
4	7	8，11，16，37，55，65，72，	0.8194

根据第459次演化结果，对公众的初始的决策矩阵进行分类，然后对每一类成员的评价结果取均值，得到如表6-15～表6-18所示的初始决策结果。

表6-15 聚类1的初始决策结果

		方案1	方案2	方案3	方案4	方案5
评价标准1	满意度	0.7666	0.8664	0.6489	0.5589	0.6123
	不满意度	0.1701	0.1006	0.2356	0.4106	0.3006

续表

		方案 1	方案 2	方案 3	方案 4	方案 5
评价标准 2	满意度	0.8309	0.8005	0.7185	0.6421	0.7159
	不满意度	0.1967	0.1556	0.1145	0.3005	0.1203
评价标准 3	满意度	0.6841	0.6994	0.6339	0.8159	0.7865
	不满意度	0.1556	0.2146	0.1568	0.1026	0.2101
评价标准 4	满意度	0.5629	0.7142	0.6142	0.6589	0.5469
	不满意度	0.2446	0.2136	0.3335	0.2547	0.3215
评价标准 5	满意度	0.7548	0.6117	0.6458	0.5569	0.6215
	不满意度	0.1756	0.3216	0.3215	0.2998	0.2519
评价标准 6	满意度	0.6998	0.7215	0.6104	0.6042	0.6654
	不满意度	0.2143	0.1001	0.3004	0.2269	0.2302

表 6-16　聚类 2 的初始决策结果

		方案 1	方案 2	方案 3	方案 4	方案 5
评价标准 1	满意度	0.9112	0.8456	0.6012	0.6621	0.7120
	不满意度	0.0089	0.1126	0.1236	0.2259	0.2259
评价标准 2	满意度	0.8309	0.7596	0.7015	0.6159	0.6998
	不满意度	0.1967	0.2215	0.2215	0.2213	0.2156
评价标准 3	满意度	0.8506	0.6659	0.6251	0.8015	0.7015
	不满意度	0.1125	0.1356	0.1256	0.1126	0.2236
评价标准 4	满意度	0.6689	0.7015	0.6012	0.6645	0.6512
	不满意度	0.1102	0.2159	0.3321	0.2213	0.2596
评价标准 5	满意度	0.7548	0.6998	0.6112	0.6645	0.7412
	不满意度	0.1756	0.1985	0.2219	0.1236	0.2258
评价标准 6	满意度	0.7749	0.6651	0.5469	0.4569	0.7896
	不满意度	0.2110	0.1120	0.2218	0.5001	0.1002

表 6-17 聚类 3 的初始决策结果

		方案 1	方案 2	方案 3	方案 4	方案 5
评价标准 1	满意度	0.7759	0.8449	0.8799	0.4569	0.6251
	不满意度	0.1102	0.1124	0.1002	0.2156	0.2256
评价标准 2	满意度	0.8596	0.7889	0.7895	0.4985	0.7745
	不满意度	0.1896	0.2001	0.1026	0.3669	0.221
评价标准 3	满意度	0.7789	0.7001	0.8961	0.7589	0.7741
	不满意度	0.1156	0.2021	0.1003	0.2561	0.1002
评价标准 4	满意度	0.6926	0.6693	0.7596	0.6998	0.6652
	不满意度	0.2215	0.2356	0.2256	0.2256	0.2315
评价标准 5	满意度	0.7745	0.6989	0.7548	0.8846	0.5569
	不满意度	0.1156	0.3215	0.1965	0.1125	0.2256
评价标准 6	满意度	0.6598	0.7015	0.6502	0.7056	0.5621
	不满意度	0.2143	0.1001	0.3004	0.2269	0.2302

表 6-18 聚类 4 的初始决策结果

		方案 1	方案 2	方案 3	方案 4	方案 5
评价标准 1	满意度	0.7112	0.7554	0.6215	0.5589	0.8845
	不满意度	0.2231	0.2025	0.2215	0.4106	0.1020
评价标准 2	满意度	0.7925	0.7891	0.7125	0.6421	0.8546
	不满意度	0.2236	0.1002	0.1123	0.3005	0.1023
评价标准 3	满意度	0.8125	0.7002	0.8812	0.8159	0.7895
	不满意度	0.2215	0.2331	0.1120	0.1026	0.2201
评价标准 4	满意度	0.6651	0.7895	0.7741	0.6589	0.6521
	不满意度	0.2236	0.2021	0.2210	0.2547	0.2651
评价标准 5	满意度	0.7156	0.5662	0.7516	0.5569	0.7451
	不满意度	0.1230	0.3125	0.1123	0.2998	0.2215
评价标准 6	满意度	0.8874	0.7015	0.6945	0.4562	0.7985
	不满意度	0.1023	0.1456	0.3004	0.1102	0.1562

计算聚类 1~聚类 4 的正理想和负理想，并根据评价标准一（0.19），评价标准二（0.25），评价标准三（0.26），评价标准四（0.10），评价标准五（0.08），评价标准六（0.07）的权重进行标准化，结果如表 6-19 所示。考虑这四个聚类所包含的人数，以及此公共项目建设与运营所涉及的主要人群，政府和决策专家决定对这四类公众做如下加权：0.45、0.30、0.15、0.10，进而可以得到公众对备选方案的评价结果，对备选方案进行加权的结果如表 6-19 所示。

表 6-19　考虑所有聚类的决策结果

	聚类 1	聚类 2	聚类 3	聚类 4	加权结果	标准化权重
方案 1	0.5422	0.6032	0.4323	0.4870	0.5385	0.2189
方案 2	0.5713	0.5160	0.4656	0.4891	0.5307	0.2157
方案 3	0.4782	0.4227	0.3845	0.4852	0.4482	0.1822
方案 4	0.4222	0.4229	0.6233	0.6001	0.4704	0.1912
方案 5	0.4817	0.4602	0.5055	0.4158	0.4722	0.1920

Step 2.2　政府从专家库任意抽调相关领域的专家，经过综合考虑之后对第 i 个备选方案，在给出的评价标准 C_j 下，用直觉模糊数表达评价结果 $a_{ij} = \langle [\mu_{a_{ij}}^-(x), \mu_{a_{ij}}^+(x)], [\nu_{a_{ij}}^-(x), \nu_{a_{ij}}^+(x)] \rangle$，综合考虑所有的评价标准和备选方案可得初始决策矩阵 $A = (a_{ij})_{m \times n}$，其中 $i \in m$，$j \in n$，$[\mu_{a_{ij}}^-(x), \mu_{a_{ij}}^+(x)]$ 表示满意度（隶属度区间），$[\nu_{a_{ij}}^-(x), \nu_{a_{ij}}^+(x)]$ 不满意度（非隶属度区间）。

根据 5.1.2 节给出的区间直觉模糊数 $\alpha = \langle [\mu^-, \mu^+], [\nu^-, \nu^+] \rangle$ 的得分函数 $S(\alpha) = (\mu^- + \mu^+ - \nu^- - \nu^+)/2$，精确函数 $H(\alpha) = (\mu^- + \mu^+ + \nu^- + \nu^+)/2$，隶属不确定指数 $T(a_{ij}) = (\mu^+ + \nu^- - \mu^- - \nu^+)/2$ 和犹豫不确定指数 $G(a_{ij}) = (\mu^+ + \nu^+ - \mu^- - \nu^-)/2$ 的定义，计算得到专家初始评价结果的相应函数值。根据 5.1.3 节给出的测量任意两个区间直觉模糊数的距离公式（5-1），对专家群体给出的评价结果进行区别度的计算，并利用式（5-8）和式（5-9）对专家群体在不同标准下计算得到的备选方案与正理想方案、负理想方案的距离，结果如表 6-20~表 6-22 所示。

表 6-20　专家 1 决策结果与正理想方案、负理想方案的距离

备选方案	距离	标准 1	标准 2	标准 3	标准 4	标准 5	标准 6
方案 1	正理想方案	0.2575	0.2188	0.1663	0.1850	0.2275	0.2238
	负理想方案	0.2063	0.1975	0.1938	0.2125	0.1700	0.1625

续表

备选方案	距离	标准 1	标准 2	标准 3	标准 4	标准 5	标准 6
方案 2	正理想方案	0.2513	0.2425	0.1538	0.1763	0.2375	0.2425
	负理想方案	0.2063	0.2138	0.1688	0.1888	0.1500	0.1625
方案 3	正理想方案	0.2700	0.2500	0.1225	0.1475	0.2563	0.2425
	负理想方案	0.1750	0.2188	0.1500	0.1675	0.1563	0.1500
方案 4	正理想方案	0.2763	0.2750	0.0788	0.1400	0.3125	0.2800
	负理想方案	0.1938	0.2188	0.1313	0.1313	0.2000	0.1750
方案 5	正理想方案	0.2388	0.2375	0.1600	0.1525	0.2313	0.2613
	负理想方案	0.1825	0.1938	0.1875	0.1500	0.1500	0.1563

表 6-21 专家 2 决策结果与正理想方案、负理想方案的距离

备选方案	距离	标准 1	标准 2	标准 3	标准 4	标准 5	标准 6
方案 1	正理想方案	0.0113	0.0000	0.0000	0.0438	0.0288	0.0325
	负理想方案	0.0738	0.0575	0.1275	0.0963	0.0825	0.0550
方案 2	正理想方案	0.0125	0.0325	0.0650	0.0000	0.0225	0.0075
	负理想方案	0.0713	0.0650	0.0875	0.1063	0.0825	0.0450
方案 3	正理想方案	0.0463	0.0450	0.0838	0.0500	0.0825	0.0350
	负理想方案	0.0325	0.0375	0.0563	0.0850	0.0563	0.0475
方案 4	正理想方案	0.0813	0.0675	0.1275	0.1063	0.0863	0.0550
	负理想方案	0.0037	0.0188	0.0038	0.0188	0.0188	0.0138
方案 5	正理想方案	0.0213	0.0513	0.0588	0.0538	0.0225	0.0413
	负理想方案	0.0650	0.0313	0.1063	0.0675	0.0838	0.0163

表 6-22 专家 3 决策结果与正理想方案、负理想方案的距离

备选方案	距离	标准 1	标准 2	标准 3	标准 4	标准 5	标准 6
方案 1	正理想方案	0.0188	0.0113	0.0000	0.0150	0.0000	0.0113
	负理想方案	0.0688	0.0663	0.0850	0.0638	0.0638	0.0475
方案 2	正理想方案	0.0125	0.0438	0.0375	0.0188	0.0300	0.0075
	负理想方案	0.0688	0.0575	0.0475	0.0563	0.0438	0.0400

备选方案	距离	标准 1	标准 2	标准 3	标准 4	标准 5	标准 6
方案 3	正理想方案	0.0438	0.0563	0.0713	0.0400	0.0638	0.0350
	负理想方案	0.0375	0.0250	0.0188	0.0350	0.0000	0.0400
方案 4	正理想方案	0.0688	0.0700	0.1125	0.0725	0.1000	0.0450
	负理想方案	0.0000	0.0250	0.0288	0.0188	0.0563	0.0113
方案 5	正理想方案	0.0238	0.0513	0.0438	0.0663	0.0313	0.0513
	负理想方案	0.0450	0.0313	0.0563	0.0188	0.0563	0.0113

应用 5.2.2 节给出的距离公式（5-10），计算专家组给出的评价结果与正理想方案、负理想方案之间的综合距离。然后，根据 5.1.4 节给出的集成算子对不同标准下的信息做集成处理，得到如表 6-23～表 6-25 所示的综合距离和最终的权重。

表 6-23　专家 1 的综合距离

备选方案	标准 1	标准 2	标准 3	标准 4	标准 5	标准 6	加权	标准化
方案 1	0.4447	0.4745	0.5382	0.5346	0.4277	0.4207	0.4602	0.2041
方案 2	0.4508	0.4685	0.5233	0.5171	0.3871	0.4012	0.4496	0.1994
方案 3	0.3933	0.4667	0.5505	0.5317	0.3788	0.3822	0.4447	0.1972
方案 4	0.4122	0.4430	0.6250	0.4839	0.3902	0.3846	0.4581	0.2032
方案 5	0.4332	0.4493	0.5396	0.4959	0.3934	0.3743	0.4422	0.1961

表 6-24　专家 2 的综合距离

备选方案	标准 1	标准 2	标准 3	标准 4	标准 5	标准 6	加权	标准化
方案 1	0.8676	1.0000	1.0000	0.6875	0.7416	0.6286	0.8469	0.3212
方案 2	0.8507	0.6667	0.5738	1.0000	0.7857	0.8571	0.7003	0.2656
方案 3	0.4127	0.4545	0.4018	0.6296	0.4054	0.5758	0.4322	0.1639
方案 4	0.0441	0.2174	0.0286	0.1500	0.1786	0.2000	0.1134	0.0430
方案 5	0.7536	0.3788	0.6439	0.5567	0.7882	0.2826	0.5438	0.2062

表 6-25　专家 3 的综合距离

备选方案	标准 1	标准 2	标准 3	标准 4	标准 5	标准 6	加权	标准化
方案 1	0.7857	0.8548	1.0000	0.8095	1.0000	0.8085	0.8405	0.3493

续表

备选方案	标准1	标准2	标准3	标准4	标准5	标准6	加权	标准化
方案2	0.8462	0.5679	0.5588	0.7500	0.5932	0.8421	0.6294	0.2616
方案3	0.4615	0.3077	0.2083	0.4667	0.0000	0.5333	0.3028	0.1258
方案4	0.0000	0.2632	0.2035	0.2055	0.3600	0.2000	0.1821	0.0757
方案5	0.6545	0.3788	0.5625	0.2206	0.6429	0.1800	0.4514	0.1876

将表6-23~表6-25中专家的权重做标准化处理，得到表6-26与表6-27。

表6-26 专家组给出的备选方案加权后的权重

备选方案	专家1	专家2	专家3	加权
方案1	0.2041	0.3212	0.3493	0.2844
方案2	0.1994	0.2656	0.2616	0.2403
方案3	0.1972	0.1639	0.1258	0.1675
方案4	0.2032	0.0430	0.0757	0.1097
方案5	0.1961	0.2062	0.1876	0.1982

表6-27 专家组加权前后的备选方案排序

备选方案	专家1	专家2	专家3	加权
方案1	1	1	1	1
方案2	3	2	2	2
方案3	4	4	4	4
方案4	2	5	5	5
方案5	5	3	3	3

由表6-26与表6-27可知，针对公共项目的多准则决策问题，不同的专家给出的备选方案的最终排序是不同的，并且专家的权重对备选方案的最终评价结果也会产生一定影响。

案例分析部分：

首先在6.3节介绍了在多个评价标准下，对专家提出的备选方案进行初步筛选的结果；其次在该节的后面部分利用初步确定的评价标准及备选方案集合，进行公共项目的公众群体决策，并利用第4章的决策流程给出决策结果；最后在

6.3 节案例分析部分应用第 5 章给出的专家群体的基于区间直觉模糊数的多准则决策方法，得到专家给出的在经过筛选的评价标准下的备选方案的排序结果。接下来，我们综合考虑以下三个方面：单独公众群体的决策结果，单独专家群体的决策结果，引入公众参与的公共项目综合群体的决策结果。我们进一步对这些结果做比较分析，如表 6-28 所示。

表 6-28　综合考虑专家群体和公众群体的备选方案权重

	专家群体	公众参与权重（0.25）	公众参与权重（0.50）	公众参与权重（0.75）	公众群体
方案 1	0.2844	0.2681	0.2517	0.2353	0.2189
方案 2	0.2403	0.2341	0.2280	0.2218	0.2157
方案 3	0.1675	0.1712	0.1748	0.1785	0.1822
方案 4	0.1097	0.1301	0.1504	0.1708	0.1912
方案 5	0.1982	0.1967	0.1951	0.1936	0.1920

　　由表 6-28 可以明显地看出，专家群体和公众群体对备选方案的排序存在一定的差异，说明公众对于该项目的建设选择问题有不同的偏好。尽管专家会更多地从专业和科学的角度出发，但考虑到公共文化设施项目自身的公共性，最终在建设前期做选择时，应充分考虑公众的态度。图 6-9 进一步说明了公众与专家的

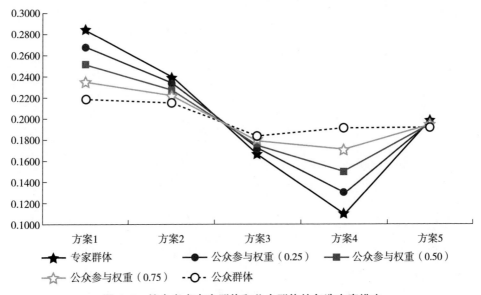

图 6-9　综合考虑专家群体和公众群体的备选方案排序

态度的区别，可以看出公众参与与否对该公共文化设施项目的建设有一定的影响。

6.4 本章小结

公共项目的建设规模一般较大，目前我国更多地采用公开招标的方式建设公共项目。在公共项目建设前期，难免会遇到评价准则和竞标方案数量较大的情况，因此需要专家在公众参与之前对大量的评价标准和备选方案做初步筛选。这时，常规的多准则决策方法将不再适用。

本章首先给出了应对备选项数量较大的情况的比较方法——BWM，该比较思想可以有效地降低比较的次数。其次将该思想引入直觉乘法偏好关系的领域，并以拓展后的 BWM 为描述工具，对评价标准体系进行比较。与一般的偏好关系相比，BWM 的比较基础同样是两两比较，因此一致性越好的评价标准应赋予越高的权重，可以构造计算评价标准一致性程度的模型来确定其权重。再次以拓展的 BWM 和直觉乘法偏好关系为描述工具，对参与竞标的备选方案作评价：一是根据项目的评价标准给出决策向量。二是利用多准则决策方法中的 ELECTRE Ⅲ法，探究待建公共项目备选方案的优选问题。ELECTRE Ⅲ法通过构造优于关系确定备选方案的排序，同时计算初步排序的满意度，判断是否需对初始决策矩阵中部分"最影响满意度"的元素进行修正，该步骤可进一步有效地提高决策效率，使最终的排序结果具有较高的可靠性和合理性。在进行了公共项目备选方案的初步优选之后，应用第 4 章对公众大群体决策分析方法和第 5 章专家群体的决策方法。三是以公共文化设施建设前期的决策问题为例，说明 ELECTRE Ⅲ法在解决公众参与公共项目的决策问题上是合理有效的。

7 考虑社会网络关系的 多准则群决策

本章探讨了河北省旅游项目的决策优化问题。为了改进对旅游项目进行分析的过程，我们引入了一个基于标准四维评估系统的模型，该模型中的决策主体包括多个决策者。为了提高决策结果的科学性和有效性，我们将把专家群体的决策者数量增加到 40 人，在本章的决策过程中，考虑决策者之间的社会网络关系，我们提出了一种新的大群体决策方法——LSGDM，该方法以决策者之间的信任—不信任的不对称关系为基础。该决策模型包含三个主要创新点：第一，在决策者的社会网络关系评估中，引入了信任—不信任值作为新的载体，并基于决策者之间的评估构建了加权有向网络和数据集成算子；第二，构造了一个扩展的 Girvan-Newman（GN）算法来从这个加权网络中对决策者进行聚类；第三，使用区间直觉模糊数（IVIFN）来评估备选方案，将 IVIFN 放置在直角坐标系中研究其几何意义；第四，以某乡镇文化旅游项目的开发为例，说明该模型的有效性和可行性。与此同时，本章通过将所提方法的计算结果与不包含信任关系的 LSGDM 的结果进行比较，评估了新模型的各类改进之处。

7.1 大规模群体决策问题的研究现状分析

7.1.1 决策者评估信息的表达工具

生活中的一些事情可以被量化，如公司利润或发表的论文数量。然而，一些事情不能被赋予精确的数值，如公司的生存前景、学者的功绩或对旅游环境利弊的评估。因为人们如果被理性思维所束缚，可能会在做出决定时引起犹豫。1965 年，美国控制论专家扎德（Zadeh，1965）首次提出模糊数的概念，打破了二进制逻辑的传统。十年后，Zadeh（1975）引入了区间模糊数的概念和区间隶属度的分配，这可以应用于实际问题。在一些实际应用中，决策者做出判断时总会有一定程度的犹豫。例如，在选举中，有三种类型的选民：投赞成票的人、投反对票的人和未决定而选择弃权的人。为了解决这种情况，阿塔纳索夫（Atanassov）

提出了一个同时考虑以上三类选民的数学概念框架——直觉模糊数的概念（Atanassov，1986）。直觉模糊数包括决策者的满意度、不满意度和犹豫度，这密切反映了决策者在处理矛盾和不确定性时的态度。基于现有的模糊集理论，结合区间模糊集和直觉模糊集的优点，区间直觉模糊数（IVIFN）的概念产生了（Atanassov 和 Gargov，1989），作为更符合人们决策内部过程的框架。这种方法通过适当地使用时间间隔来表达人们在作出决定时的各种态度：满意度（成员度）、不满意度（非成员度）和不确定性程度（犹豫度），受到了各个领域学者的热烈欢迎（Chen 等，2016；Shen 等，2018；Zhang，2021；You 等，2016）。此后，Atanassov 等关注了不同模糊数的性质（Atanassov，1992，1993，1994；Atanassov 和 Christo，1993）。随着模糊数方法的快速发展，实际可以应用关于不同模糊集的可能性方法（Mishra，2020）。目前，已有许多关于区间直觉模糊数和直觉模糊数算子的研究（Petr 等，2019；Chen 和 Tsai，2021；Li 等，2021）。然而，大多数研究探索的是基于代数方法的数据整合，很少有学者从几何角度来研究这个问题。从几何角度可以更直观地解释数据，并有助于深入了解数据的含义。Wan 和 Dong 等（2014）介绍了一种基于概率的 IVIFN 比较方法，定义了两种 IVIFN 之间比较的可能性程度。本章评估了 IVIFN 的几何意义。通过用直角坐标系表示 IVIFN，我们能够分析图形的面积和重心及其范围的限制，这是通过获得转换算子将其转换成 IFN，并进一步整合和处理新获得的 IFN 的信息来实现的。该方法以更直观的方式有效地构建了决策者的决策过程。

7.1.2 LSGDM 的研究

由于实际问题日益复杂，传统的群体决策方法在某些应用中的实用性受到限制。Chen 和 Liu（2006）确定当决策者人数至少为 20 人时，可以认为是 LSGDM 问题。随后，学者们发表了一系列关于 LSGDM 的相关研究（Zhong 等，2020；Ding 等，2019；Wu 和 Xu，2018；Zhong，2022）。该方法的关键是应用科学的聚类算法，将决策主体合理地分解为小群体，为每个小组整合最多的信息，然后总结信息。

目前，评价聚类算法有两个主要的观点：一是使用 C 均值聚类（Zhang 等，2018）或 K 均值聚类等方法分析决策者的社交网络关系（Tang 等，2020）。二是分析决策信息的一致性，旨在获得以最小成本增加的最大共识（Li 等，2021；Guo，2021；Xiao 等，2020；Li 和 Wei，2020；Labella 等，2018）。聚类算法的最终目标是将大组的成员分类为不同的小组。先前的研究表明，仅考虑初始评估信息的一致性而忽略决策者之间的社会网络关系，可能会对最终决策结果的成功产生负面影响（Tang 和 Liao，2021）。一些研究证实了社会分析的益处（Wu, Chi-clana, Herrera-Viedma，2015；You 和 Yang，2019）。互联网已经成为决策者之间相互交流的简单方便的论坛，因此决策者之间的社会网络关系对个人的评估结果有影响。在本章中，我们考虑了决策者之间在评估之前的信任关系，因此引入了信任分数的概念。本章总结了每个决策者在决策开始时的相关信息。决策者首先向其他决策者分配信任值和不信任值（Victor 等，2009），其次基于信任值构建信任关系网络，并应用聚类算法，聚类结果根据信任阈值的适当性进行调整。为了分析信任值和不信任值，我们将它们放在直角坐标系中，以几何方式表示，这样更清晰直观地反映了决策者的评估信息。

7.2 考虑社会网络关系的多准则群决策

7.2.1 基础知识介绍

7.2.1.1 信任—不信任关系

定义 1 设 (t, d) 是集合 $[0, 1] \times [0, 1]$ 中的元素，其中 t 表示信任值，d 表示不信任值，则称 (t, d) 为信任得分（Victor，2009）。信任得分空间 $BL^\circ = ([0, 1]^2, \leqslant_t, \leqslant_d, \neg)$ 是由信任得分集合，信任排序（$\leqslant_t$），知识水平排序（$\leqslant_k$），负算子（$\neg$）组成。对所有的信任得分 (t_1, d_1) 和 (t_2, d_2)（其中 $0 \leqslant t_1, d_1, t_2, d_2 \leqslant 1$）都满足：

$$(t_1, d_1) \leqslant_t (t_2, d_2) \ iff \ t_1 \leqslant t_2, d_1 \geqslant d_2$$
$$(t_1, d_1) \leqslant_k (t_2, d_2) \ iff \ t_1 \leqslant t_2, d_1 \leqslant d_2$$
$$\neg (t_1, d_1) = (d_1, t_1)$$

定义 2 与信任得分 (t, d) 相关的信任度（TS）和知识缺陷度（KD）分别定义如下（Zadeh，1975）：

$$TS(t, d) = t - d, \quad KD(t, d) = |1 - t - d|$$

定义 3 令 (t_1, d_1) 和 (t_2, d_2) 为两组信任得分，则它们的信任度分别为：$TS_1 = t_1 - d_1$，$TS_2 = t_2 - d_2$；知识缺陷度分别为：$KD_1 = |1 - t_1 - d_1|$，$KD_2 = |1 - t_2 - d_2|$，则有以下不等式成立（Zadeh，1975）：

当 $TS_1 < TS_2$ 时，$(t_1, d_1) < (t_2, d_2)$；当 $TS_1 > TS_2$ 时，$(t_1, d_1) > (t_2, d_2)$。

当 $TS_1 = TS_2$ 时，则需要对比两组信任得分的知识缺陷度大小。当 $KD_1 < KD_2$ 时，$(t_1, d_1) > (t_2, d_2)$；当 $KD_1 > KD_2$ 时，$(t_1, d_1) < (t_2, d_2)$；当 $KD_1 = KD_2$ 时，$(t_1, d_1) = (t_2, d_2)$。同时，定义 "$1 - KD$" 为知识度，不失一般性地，知识缺陷

度越小，知识度越大；在信任度相同的情况下，信任得分越大，反之亦然。

示例 1 当比较一些信任—不信任得分时，定义 3 的属性并不适用。也就是说，任何给定的两个不同的信任—不信任分数都不能基于信任得分和知识缺陷来区分。例如，信任—不信任得分 $\alpha_1 = (0.55, 0.35)$ 和 $\alpha_2 = (0.65, 0.45)$，其中 $TS_1 = TS_2 = 0.2$，$KD_1 = KD_2 = 0.1$。然而，根据定义 1 可以得到 $\alpha_1 < k\alpha_2$。因此，不存在单一的运算来整合信任值和不信任值，它们可以转化为一个比较更直观的值，接下来，我们将解释出现这一现象的更广泛的原因。

引理 1 对于信任—不信任得分 $\alpha_i = (t_i, d_i)$，$i = 1, 2$，当 $t_1 + d_2 = 1$ 和 $t_2 + d_1 = 1$ 时，可得 $TS_1 = TS_2$ 和 $KD_1 = KD_2$。在这种情况下，无法区分信任—不信任分数。

证明 如果 $TS_1 = TS_2$，$t_1 - d_1 = t_2 - d_2 = x$，$t_1 = x + d_1$，$t_2 = x + d_2$，$KD_1 - KD_2 = |1 - t_1 - d_1| - |1 - t_2 - d_2|$。

要比较 KD_1 和 KD_2，有两种情况：

情况 1

$$
\begin{aligned}
KD_1 - KD_2 &= (1 - t_1 - d_1) - (1 - t_2 - d_2) \\
&= 1 - t_1 - d_1 - 1 + t_2 + d_2 \\
&= t_2 - t_1 + d_2 - d_1 \\
&= (x + d_2) - (x + d_1) + d_2 - d_1 \\
&= 2(d_2 - d_1)
\end{aligned}
$$

令 $KD_1 - KD_2 = 0$，可得 $2(d_2 - d_1) = 0$，$d_1 = d_2$。因为 $t_1 = x + d_1$，$t_2 = x + d_2$，可得 $t_1 = t_2$。

情况 2

$$
\begin{aligned}
KD_1 - KD_2 &= (1 - t_1 - d_1) - [-(1 - t_2 - d_2)] \\
&= 1 - t_1 - d_1 + 1 - t_2 - d_2 \\
&= 2 - (t_1 + t_2 + d_1 + d_2) \\
&= 2 - (x + d_1 + x + d_2 + d_1 + d_2) \\
&= 2 - 2(x + d_1 + d_2)
\end{aligned}
$$

设 $KD_1 - KD_2 = 0$，给出 $2 - 2(x + d_1 + d_2) = 0$，$x + d_1 + d_2 = 1$，$d_1 + d_2 = 1 - x \in [0, 1]$，则 $t_1 - d_1 + d_1 + d_2 = 1$，即 $t_1 + d_2 = 1$。类似地，可以获得 $t_2 + d_1 = 1$。也就是说，满足这些特征的信任—不信任值不能通过 KD 和 TS 来识别。以情况 1 中的两个信

任—不信任分数为例，对于 α_1 和 $1-t_1-d_1=0.1$，存在 0.1 个单位的不确定性；对于 α_2 和 $1-t_1-d_1=-0.1$，存在 0.1 个单位的知识溢出。我们可以通过对极端情况的分析来澄清这一点。信任—不信任分数的几何意义如图 7-1 所示。

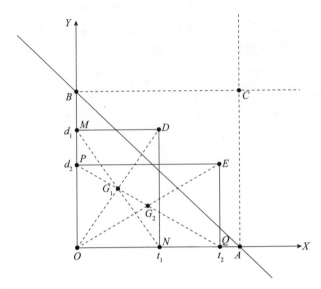

图 7-1　信任—不信任分数的几何意义

图 7-1 中，决策者分配了信任—不信任值，当 $1-t_1-d_1=0$ 时，信任—不可信集可以表示为 AB 线上的一个点，这一点的起源意味着决策者的净意见既不是信任，也不是不信任。当 $1-t_1-d_1=1$，$t_1=0$，$d_1=0$ 时，点 C 和表示高度信任；同理，当 $1-t_1-d_1=-1$，$t_1=1$，$d_1=1$ 时，点 C 表示高度不信任。可以看出，$|1-t_1-d_1|$ 的值越小，决策结果越清晰，$|1-t_1-d_1|$ 的值越大，决策结果就越模糊。

假设 $\alpha_1=(t_1,\ d_1)$ 和 $\alpha_2=(t_2,\ d_2)$ 是两个信任分数，如图 1 中 D 点和 E 点所示。A、B 和 C 的坐标分别为 $A=(1,\ 0)$，$B=(0,\ 1)$ 和 $C=(1,\ 1)$。点 G_1 和 G_2 是矩形 $ONDM$ 和矩形 $OQEP$ 的重力几何中心。

定义 4　$(t,\ d,\ 1-t,\ 1-d)$ 的决策信息区域积分算子为 $s=td$。

积分算子 $s=td$ 面积的性质分为两种情况：

情况 1　$1-t_1-d_1=0$。决策结果的信任边界是明确的，因此决策信息区域为 $s=t(1-t)$，当 $t\in\left[0,\ \dfrac{1}{2}\right]$ 时，t 的值越大，s 的值越高；当 $t\in\left[\dfrac{1}{2},\ 1\right]$ 时，t 的值越大，s 的值越小。在情况 1 中，s 的值越大，决策的精度越高。

情况 2　$1-t_1-d_1\neq0$。较小的值表示较高的精度，即 $\triangle OAB$ 的面积表示的决策结果优于 $\triangle CAB$ 的面积。

定理 1　对于任何两个信任—不信任分数 $\alpha_i=(t_i,\ d_i)$，其中 $i=1,\ 2$，$\alpha_1=\alpha_2$，当 $TS_1=TS_2$，$KD_1=KD_2$，$s_1=s_2$ 时，$s_i=t_id_i$，$i=1,\ 2$。

证明　因为 $\alpha_1=(t_1,\ d_1)$，$\alpha_2=(t_2,\ d_2)=(1-d_1,\ 1-t_1)$，$s_1=t_1d_1$，$s_2=(1-t_1)(1-d_1)=1-t_1-d_1+t_1d_1$。当 $s_1=s_2$ 时，即 $1-t_1-d_1+t_1d_1=t_1d_1$，$1-t_1-d_1=0$，$t_1+d_1=1$。基于定理 1 中定义的信息区域积分算子，提出了定理 2。

定理 2　设 $\alpha_1=(t_1,\ d_1)$ 和 $\alpha_2=(t_2,\ d_2)$ 为两个信任—不信任分数，它们的信任值分别为 $TS_1=t_1-d_1$，$TS_2=t_2-d_2$；它们的知识缺陷分别为 $KD_1=|1-t_1-d_1|$，$KD_2=|1-t_2-d_2|$，得到以下结论：

如果 $TS_1<TS_2$，$(t_1,\ d_1)<(t_2,\ d_2)$；

如果 $TS_1>TS_2$，$(t_1,\ d_1)>(t_2,\ d_2)$；

如果 $TS_1=TS_2$，且 $KD_1<KD_2$，则 $(t_1,\ d_1)>(t_2,\ d_2)$；

如果 $KD_1>1-KD_2$，则 $(t_1,\ d_1)<(t_2,\ d_2)$；

当 $s_1<s_2$ 时，如果 $KD_1=KD_2$，则 $(t_1,\ d_1)>(t_2,\ d_2)$；

当 $s_1>s_2$ 时，$(t_1,\ d_1)<(t_2,\ d_2)$；

当 $s_1=s_2$ 时，$(t_1,\ d_1)=(t_2,\ d_2)$。

定义 1 只定义了排序的比较关系，没有提供具体的数值运算符。因此，本部分提出了信任—不信任分数决策信息聚合（IA）算子：

$$IA=\left[(t-d)^2+(t+d)^2+(1-td)\right]^{\frac{1}{2}} \tag{7-1}$$

通过分析其几何特性，可得较大的 IA 值表示较高的信任度。

7.2.1.2　基于决策信息的社会网络分析方法

本部分通过社会网络分析检验决策者之间的关系。每个点代表一个决策者，任何两个决策者之间的线代表他们的社交网络关系，决策者之间的信任程度由他们的网络节点及其关系来表示，下面给出了信任表达的定义。

引入加权网络，然后基于网络中决策者之间的信任度进行聚类分析。首先，对决策者之间的信任进行分析和聚类。信任的表达如表 7-1 所示。决策者被随机分配一个数字，并对这些数字进行汇总。如果网络中的其他决策者之间存在社交网络关系，则决策者向他们分配信任值；否则他们不分配信任值。有三种可能的情况：两个决策者都给对方分配了一个信任值；只有一个决策者认为存在社交网络关系，因此只分配了一个信任值；他们之间没有网络关系，决策者都不会向另一方分配信任值。缺少至少一个信任值的信任关系由（0，0）表示。表 7-1 给出了一个示例：第一列和第二列表示每个关系对中的决策者，第三列表示第一列中决策者分配给第二列决策者的信任值，第四列表示第二列决策者分配给第一列决策者的信任值，第五列是平均信任值，而第六列是平均准确度。分别由式（7-2）和式（7-3）计算。

$$O_1 = [(t_{12} + t_{21}) - (d_{12} + d_{21})]/2 \qquad (7-2)$$

$$O_2 = [(t_{12} + t_{21}) + (d_{12} + d_{21})]/2 \qquad (7-3)$$

表 7-1　信任—不信任值示例

决策者	决策者	(t_{12}, d_{12})	(t_{21}, d_{21})	平均信任度	平均准确度
1	2	(0.55, 0.35)	(0, 0)	0.1	0.45

评估结果用社交网络图表示，具体如图 7-2 所示。

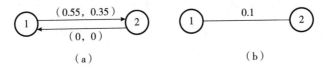

图 7-2　社交网络图

图 7-2 反映了两个决策者之间的信任关系。图 7-2（a）表明，决策者 1 对决策者 2 的信任—不信任度为（0.55，0.35），决策者 2 对决策者 1 的信任—不信度为（0，0）。图 7-2（b）表明决策者 1 和决策者 2 之间的平均信任度为 0.1。

定义 5　边介数定义为网络中通过边缘的最短路径总数的比例（Ulrik，2008）。采用模块化描述函数来衡量聚合效果，其中，$s_{i,in}$ 是节点 i 和社区 C 中其他节点的边缘数（Newman，2004），模块化程度越高，聚合结果越好。

$$\Delta Q = \left[\frac{W_C + s_{i,in}}{2W} - \left(\frac{S_C + s_i}{2W} \right)^2 \right] - \left[\frac{W_C}{2W} - \left(\frac{S_C}{2W} \right)^2 - \left(\frac{S_i}{2W} \right)^2 \right]$$

在 Gewen-Newman（GN）算法下，根据图的边缘中间中心度（EBC）值，通过迭代移除图的边缘来找到图中的社区（Girvan 和 Newman，2002）。首先删除 EBC 最大的边。本章将 GN 算法应用于加权网络，其步骤见程序 1：

程序 1

Step 1　计算网络中相对于源节点的所有连接边缘的边缘中介数量。

Step 2 将每条边的边中间数除以其权重值,得到每条边的边缘权重比。

Step 3 删除具有最高边权重比的边。

Step 4 重复步骤 1、步骤 2 和步骤 3。

Step 5 一旦网络中不再存在边缘,最后生成的拆分树将被视为分裂的社区。

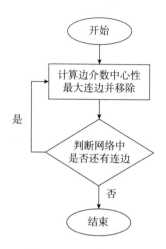

图 7-3 GN 算法流程

7.2.1.3 IVIFN 与扩展距离函数

定义 6 $U = \{(x, \mu_U^x, \nu_U^x) \mid \mu_U^x, \nu_U^x \in R^+\}$ 是在 R^+ 中定义的直觉模糊集,满足 $\mu_U^x \in [0, 1]$,$\nu_U^x \in [0, 1]$,$\mu_U^x + \nu_U^x \in [0, 1]$,其中,$\mu_U^x$ 和 ν_U^x 分别表示隶属度和非隶属度。$\pi_U^x = 1 - (\mu_U^x + \nu_U^x)$ 称为犹豫度(Atanassov,1986)。

直觉模糊数包含三个方面的信息:满意程度(隶属度)、不满意程度(非隶属度)和不确定性程度(犹豫度)。这些数字最适合处理具有强烈模糊性和不确定性的问题。IVIFN 是在处理更复杂的问题时引入的。

定义 7 $A = \{\langle x, u_A(x), v_A(x) \rangle \mid x \in X\}$ 是在 X,$u_A^x = [a, b]: X \rightarrow L[0, 1]$,$\forall x \in X$;$v_A^x = [c, d]: X \rightarrow L[0, 1]$,$\forall x \in X$,$b + d \leqslant 1$,$\forall x \in X$ 中定义的区间值直觉模糊集;其中 u_A^x 和 v_A^x 分别表示成员度和非成员度。$\pi_A^x = [1 - b - d, 1 - a - c]$ 称为犹豫度(Atanassov 和 Gargov,1989)。

为了简单起见,IVIFN 用 $\alpha = \langle [a, b], [c, d] \rangle$ 表示,如图 7-4 所示。α 显示在直角坐标系中。每个点的坐标值为:$A(a, c)$,$B(b, c)$,$C(b, c)$,$D(a, d)$,$P(0, 1)$,$Q(1, 0)$。点 M、点 N、点 E 和点 F 是点 A、点 B、点 C 和点 D 在坐标轴上的投影点。点 G 是矩形 $ABCD$ 的重心。

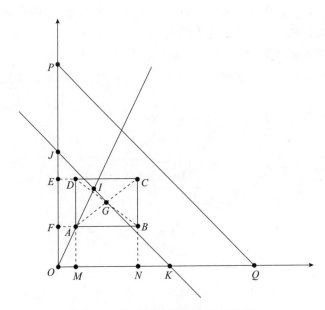

图7-4　区间直觉模糊数的几何意义

直线 L_{JK} 平行于直线 L_{PQ}，并通过矩形 $ABCD$ 的重心。直线 L_{OA} 和直线 L_{JK} 的交点记为 I，这是表示区间直觉模糊数的最佳点。因此，直线 L_{JK} 的斜率为 -1。点 G 的坐标是 $\left(a+\dfrac{b-a}{2},\ c+\dfrac{d-c}{2}\right)$。直线 L_{JK} 可用代数表示如下：

$$L_{JK}:\ y=-x+\frac{a+b+c+d}{2}$$

直线 L_{OA} 穿过点 O 和点 A，其斜率为 c/a。那么直线 L_{OA} 可以表示如下：

$$L_{OA}:\ y=\frac{c}{a}x$$

I 是直线 L_{OA} 和直线 L_{JK} 的交点，它代表 IVIFN 最有可能的点 $\langle[a,\ b],\ [c,\ d]\rangle$。坐标可以计算，$I:\left(\dfrac{(a+b+c+d)\ a}{2\ (a+c)},\ \dfrac{(a+b+c+d)\ c}{2\ (a+c)}\right)$，其中 $a+c\neq0$。可以说矩形 $ABCD$ 的面积越大，$\triangle OPQ$ 的不确定性越大。不确定性比率 R 如式（7-5）所示：

$$R=\frac{(b-a)\ \times\ (d-c)}{1/2}=2\ (b-a)\ (d-c) \tag{7-4}$$

定义 8　一个 IVIFN$\alpha=\langle[a,\ b],\ [c,\ d]\rangle$ 可根据式（7-6）转化为直觉模糊数（IFN）形式 $\beta=(\mu,\ \nu)$：

$$\beta = (\mu,\ \nu) = \left(\frac{a(a+b+c+d)(1-R)}{2(a+c)},\ \frac{c(a+b+c+d)(1-R)}{2(a+c)} \right) \qquad (7-5)$$

其中，R 是不确定性比率。

用 IFN 形式表示的两个直觉模糊数 $\beta_1 = (\mu_1,\ \nu_1)$ 和 $\beta_2 = (\mu_2,\ \nu_2)$ 之间的函数如下：

$$d(\beta_1, \beta_2) = \left[\frac{1}{5}\left(|\mu_1-\mu_2|^2 + |\nu_1-\nu_2|^2 + |H_1-H_2|^2 + |C_1-C_2|^2 + |S_1-S_2|^2 \right) \right]^{\frac{1}{2}}$$

$$(7-6)$$

其中，$H_i = 1-\mu_i-\nu_i$，$i=1$，2 代表 IFN 的犹豫度；$C_i = \mu_i + \nu_i$，$i=1$，2 代表 IFN 的确定程度；$S_i = \mu_i \nu_i$ 表示由以下四个点构成的不确定区域：$(\mu_i,\ \nu_i)$，$(0,\ \nu_i)$，$(\mu_i,\ 0)$，$(0,\ 0)$。

定理 3　设 $\alpha_i = \langle [a_i,\ b_i],\ [c_i,\ d_i] \rangle$ 为 IVIFN，$i=1$，2。由式（7-6）得出的 $\beta_i = (\mu_i,\ \nu_i)$ 为 IFN。距离测度 $d(\beta_1,\ \beta_2)$ 满足以下性质：

$0 \leqslant d(\beta_1,\ \beta_2) \leqslant 1$；

$d(\beta_1,\ \beta_2) = 1$；

iff $\beta_1 = \beta_2$；

$d(\beta_1,\ \beta_2) = d(\beta_2,\ \beta_1)$

证明　当 a_i，b_i，c_i，d_i，$R \in [0,\ 1]$，$a_i+b_i+c_i+d_i \in [0,\ 2]$ 时，$\mu_i = \dfrac{a_i\ (a_i+b_i+c_i+d_i)\ (1-R)}{2\ (a_i+c_i)} \in [0,\ 1]$

$$\nu_i = \frac{c_i\ (a_i+b_i+c_i+d_i)\ (1-R)}{2\ (a_i+c_i)} \in [0,\ 1]$$

$$\mu_i + \nu_i = \frac{a\ (a+b+c+d)(1-R)}{2(a+c)} + \frac{c(a+b+c+d)(1-R)}{2(a+c)} = \frac{(a+b+c+d)(1-R)}{2} \in [0,\ 1]$$

1]。因此，由式（7-6）得出的 $\beta_i = (\mu_i,\ \nu_i)$ 是 IFN。

基于 μ_i，ν_i，$\mu_i,\ +\nu_i \in [0,\ 1]$，可以进一步证明本定理中的三个性质。

由 μ_i，ν_i，$\mu_i+\nu_i \in [0,\ 1]$，可以得到 $|\mu_1-\mu_2|^2 \in [0,\ 1]$，$|\nu_1-\nu_2|^2 \in [0,\ 1]$，$|H_1-H_2|^2 \in [0,\ 1]$，$|C_1-C_2|^2 \in [0,\ 1]$，$|S_1-S_2|^2 \in [0,\ 1]$，则 $d(\beta_1,\ \beta_2) \in [0,\ 1]$。

如果 $d(\beta_1,\ \beta_2) = 0$，则考虑 $d(\beta_1,\ \beta_2)$ 的定义和式（7-7）：

$$\begin{cases} |\mu_1 - \mu_2|^2 \geq 0 \\ |\nu_1 - \nu_2|^2 \geq 0 \\ |H_1 - H_2|^2 \geq 0 \\ |C_1 - C_2|^2 \geq 0 \\ |S_1 - S_2|^2 \geq 0 \end{cases} \qquad (7-7)$$

可得：

$$\begin{cases} |\mu_1 - \mu_2|^2 = 0 \\ |\nu_1 - \nu_2|^2 = 0 \\ |H_1 - H_2|^2 = 0 \\ |C_1 - C_2|^2 = 0 \\ |S_1 - S_2|^2 = 0 \end{cases}$$

上述方程的平均值为 $\mu_1 = \mu_2$，$\nu_1 = \nu_2$，即 $\beta_1 = \beta_2$。

很明显，$d(\beta_1, \beta_2) = d(\beta_2, \beta_1)$。

示例 2 在 $X = \{x_1, x_2, x_3\}$ 中，有两种模式 P_1 和 P_2，它们用 IFNs $\widetilde{P_1} = \{\langle x_1, 0.6, 0.25 \rangle, \langle x_2, 0, 0.25 \rangle, \langle x_1, 0.3, 0.25 \rangle\}$，$\widetilde{P_2} = \{\langle x_1, 0.1, 0.75 \rangle, \langle x_2, 0.15, 0.1 \rangle, \langle x_1, 0.2, 0.35 \rangle\}$ 表示。不同的模式由 $\widetilde{Q} = \{\langle x_1, 0, 0.15 \rangle, \langle x_2, 0.325, 0.425 \rangle, \langle x_1, 0.2, 0.25 \rangle\}$ 表示。下一步是确定这两种模式中的哪一种最接近 $\widetilde{Q}$。不同的学者提出了不同的方法来实现这一点。表 7-2 显示了基于各种方法的分类结果。根据表 7-2，参考文献（Chen 等，2016）的距离测量值无法确定；其他 3 种方法一致认为待评估模式 Q 最接近 P_2，但待评估模式之间的特定距离不同。比较 $D_1(P_1, Q)$ 和 $D_2(P_2, Q)$ 的不同值，我们发现结果是相同的。

表 7-2 不同距离测量的比较结果

方法	$D_1(P_1, Q)$	$D_2(P_2, Q)$	比较	分类结果
见 Tang 等（2021）	0.13	0.13	$D_1(P_1, Q) = D_2(P_2, Q)$	Q 无法确定
见 Tang 等（2021）	0.28	0.24	$D_1(P_1, Q) \geq D_2(P_2, Q)$	Q 应归入 P_2 组
见 Wu 等（2015）	1.38	1.30	$D_1(P_1, Q) \geq D_2(P_2, Q)$	Q 应归入 P_2 组
本书	2.16	2.15	$D_1(P_1, Q) \geq D_2(P_2, Q)$	Q 应归入 P_2 组

7.2.2 考虑社会网络关系的多准则群决策模型

7.2.2.1 一种基于距离测量的新加权算法

假设有 m 个备选方案 A_i，$i=1$，2，$\cdots$，m，在本研究中，IVIFN 用于描述决策专家 DM_d，$d=1$，2，$\cdots$，D 给出的评估结果。根据 n 个标准 C_j，$j=1$，2，$\cdots$，n。评估结果为 $\alpha_{ij}^d=\langle[a_{ij}^d, b_{ij}^d], [c_{ij}^d, d_{ij}^d]\rangle$。在备选方案中，如果决策者基于某一标准分配的评估结果之间的差异很小，则表明评估标准在备选方案之间的区分能力较弱，应为评估标准分配较低的权重。如果基于给定标准的评估结果之间存在较大差异，则表明评估标准具有很强的区分备选方案的能力，应赋予更高的权重。因此，基于式（7-6）中给出的用于计算区间直觉模糊数之间的差异程度的综合距离公式 $d(\beta_{ij}^d, \beta_{kj}^d)$，从标准的角度构建了式（7-8）：

$$w(C_j^d)=\frac{\sum_{i=1}^{m}\sum_{k=1}^{m}\sum_{1\leqslant i<k\leqslant m}d(\beta_{ij}, \beta_{kj})}{\sum_{j=1}^{n}\sum_{i=1}^{m}\sum_{k=1}^{m}\sum_{1\leqslant i<k\leqslant m}d(\beta_{ij}, \beta_{kj})} \tag{7-8}$$

决策者的权重由决策者对不同备选方案的不同程度决定，通过式（7-9）计算：

$$w(DM_j^d)=\frac{\sum_{j=1}^{n}\sum_{i=1}^{m}\sum_{k=1}^{m}\sum_{1\leqslant i<k\leqslant m}d(\beta_{ij}, \beta_{kj})}{\sum_{d=1}^{D}\sum_{j=1}^{n}\sum_{i=1}^{m}\sum_{k=1}^{m}\sum_{1\leqslant i<k\leqslant m}d(\beta_{ij}, \beta_{kj})} \tag{7-9}$$

7.2.2.2 构建考虑决策者信任—不信任关系的 LSGDM 系统

根据 7.1 节的分析，构建了 LSGDM 系统与决策者的信任—不信任关系的程序 2。

程序 2

Step 1 根据定义 1 获取决策者之间的信任—不信任得分。使用等式（7-2）和式（7-3）计算来自信任—不信任网络的决策者之间的权重。

Step 2 应用程序 1 将所有决策者 S 聚合到不同的子组 S_p，其中 $S=\{S_1$，S_2，$\cdots$，$S_P\}$。

Step 3 确定备选方案集 $A=\{A_1, A_2, \cdots, A_N\}$ 和标准集 $C=\{C_1, C_2, \cdots, C_M\}$。

Step 4 IVIFN 根据定义 7 描述了原始评估。使用式（7-6）将 IVIFN 改变为 IFN。

Step 5 应用式（7-8）计算标准的权重 $w(C_j^d)$，应用式（7-9）来计算决策者的权重 $w(DM_j^d)$。

Step 6 计算每个子组中每个备选方案的权重 $w(A_i^{Q_p}) = \sum\limits_{j=1}^{m} \sum\limits_{d=1}^{Q_p} w(DM_j^d) w(C_j^d)$ ，其中 $Q_p = \#\{S_p\}$ 。

Step 7 每个小组的权重由决策者的数量决定。然后，通过 $w(A_i) = \sum\limits_{Q_p=1}^{P} w(A_i^{Q_p}) w(Q_p)$ 获得备选方案的最终排名，其中，$w(Q_p) = \dfrac{\#\{S_p\}}{\sum\limits_{p=1}^{P} \#\{S_p\}}$ 。

7.3 案例分析

7.3.1 文化旅游评价机制的构建

本部分探究文旅项目的决策优化问题，其中文化旅游潜力值评价标准体系可以通过实证研究获得初始数据之后，再利用相应的数理统计和结构方程等获得可靠性高的评价标准；决策方法体系可以在已有多准则决策方法理论的基础上，结合本书面对的决策主体进行创新性开发，并优化决策模型。

我们将公众引入决策过程，从而丰富决策者的数据库。公众群体数量多，异质性程度高。在互联网时代，不同地方的人们可以很容易地共享信息，因此很难具体追踪公共群体之间信息共享的趋势。然而，通过选择公众代表，我们可以更广泛、更客观地了解公众团体的意见。且在大多数情况下，文化旅游项目是有益于公共群体的，政府和企业必须准确掌握影响公众群体行为的关键因素，包括他们的教育背景、年龄、性别、工作性质、价值观、收入等。

为了发展河北省某村的经济水平，根据该地区的历史发展情况和现状，结合前述备选方案，首先我们确定了参与调查的公众群体之间的信任关系。在我们的模型中，每个个体都由一个点表示。通过数据收集，获得了参与调查公众的信任情况，并获得了群定向加权网络结构。其次确定了评价指标体系的分析维度。基于 38 份问卷答复中的分析，评估基于以下四个维度进行：

C_1：自然环境维度，包括树木，植被，山脉和河流；

C_2：社会环境维度，包括公共安全，文化，道德和历史；

C_3：经济环境维度，包括区域 GDP 指数，基础设施改善水平等；

C_4：利益相关者维度，包括该地区民俗。

我们将该方法应用于河北省某乡镇的实证分析。该地区的一个特点是交通便捷，果树是该地区的一种重要资源，许多农民以卖水果为生。然而，该地区家庭总收入较低，收入高度依赖自然环境。严重的自然灾害对该地区农民的生活质量有很大影响。因此，当地政府应根据中国促进文化旅游的倡议开发项目，也应考虑该地区的当地特色。根据专家的建议，提出了四个文化旅游项目：

A_1：恢复具有文化意义的历史城镇；

A_2：发展以农产品为主的生态旅游；

A_3：基于天气促进休闲旅游；

A_4：打造时尚旅游新村。

7.3.2 基于所提方法的决策过程

决策过程中，邀请了40名决策者对项目提案进行评估。基于文献综述和实证研究，决策者包括来自相关政府部门的10名人员、10名专家学者（这些专家都来自经济管理领域，他们的研究方向包括区域经济分析、市场营销分析、人力资源管理、文化旅游管理和供应链管理），10名服务业代表和公共团体代表（包括5名有代表性的当地公民和5名来自附近城市的个人），10名普通当地公众。这40名决策者在被分配编号后提供了基于IVIFN对四个备选方案的评估结果。应用程序2进行汇总和排名，结果如表7-3、表7-4和图7-6所示。

表7-3 决策者考虑信任关系的汇总结果

聚类结果	每个组的决策者
4组	A-['10', '16', '17', '18', '19', '20', '23', '24', '25', '26', '28', '29', '35', '36', '37', '38', '9'] B-['1', '11', '14', '2', '21', '22', '27', '3', '32', '34', '39', '5', '6', '7', '8'] C-['12', '13', '15', '4'] D-['30', '31', '33', '40']
5组	A-['10', '16', '17', '18', '19', '20', '23', '24', '25', '26', '28', '29', '35', '36', '37', '38', '9'] B-['1', '11', '14', '21', '22', '27', '32', '34', '39', '5', '6', '7', '8'] C-['12', '13', '15', '4'] D-['30', '31', '33', '40'] E-['2', '3']
6组	A-['1', '11', '14', '21', '22', '27', '32', '34', '39', '5', '6', '7', '8'] B-['10', '16', '17', '18', '19', '20', '24', '25', '29', '35', '36', '37', '9'] C-['12', '13', '15', '4'] D-['23', '26', '28', '38'] E-['30', '31', '33', '40'] ['2', '3']

根据式（7-3），基于平均信任度应用聚类，在计算了所有网络关系的平均信任度之后，得到了加权网络图，如图7-5所示。应用步骤1，对图7-4进行聚类和分析，以获得如图7-6所示的聚类结果。

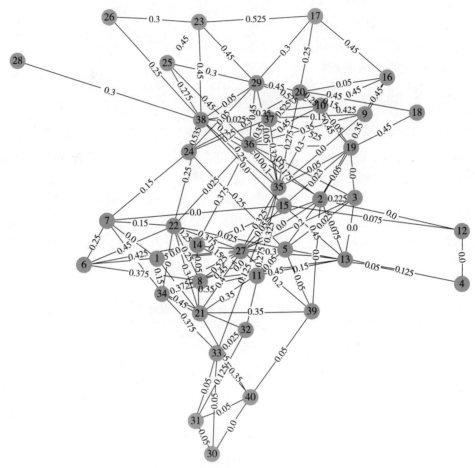

图 7-5 决策者之间的原始信任

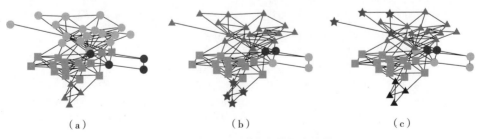

（a）   （b）   （c）

图 7-6 基于平均信任度的聚合结果

从模块化的定义可以看出，模块化值主要取决于网络中节点的社区分配 C，即网络的社区划分。它可以用来定量衡量网络社区划分的质量。模块化值越接近 1，由网络划分的社区结构越强，即划分质量越好。因此，可以通过最大化模块化 Q 来获得最佳网络社区划分。不同数量集群的排名结果如表 7-4 所示。根据模块化的定义，将决策者聚类到五个集群中产生了最高的模块化，表明聚类结果最大。从这些结果可以看出，不同聚类方法获得的备选方案的排序顺序并不相同。然而，已确定最佳方案为备选方案 A_2。通常，我们关注模块化程度最高的聚类结果。因此，基于该镇水果种植的传统，选择了发展农业特色文化旅游的项目。图 7-7 显示了备选方案的排名，总体排名结果相同。最好的选择是备选方案 A_2。

表 7-4 考虑信任—不信任关系的聚类结果和模块化

聚类结果		4 组	5 组	6 组
模块化		0.4141	0.4150	0.4034
排序结果	第一	备选方案 A_2	备选方案 A_2	备选方案 A_2
	第二	备选方案 A_3	备选方案 A_1	备选方案 A_1
	第三	备选方案 A_1	备选方案 A_4	备选方案 A_4
	第四	备选方案 A_4	备选方案 A_3	备选方案 A_3

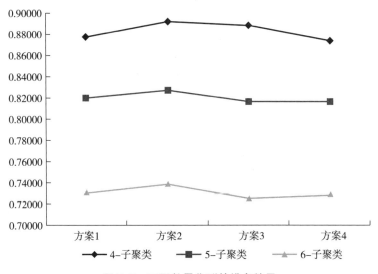

图 7-7 不同数量集群的排名结果

7.3.3 不同方法之间的比较

为了评估本章提出的新方法，我们将研究结果与相关文献的方法进行了比较（Zhang 等，2021），另一个参考文献是一种不考虑决策者之间信任关系的聚类分析（Chen 等，2016）。决策者的原始社会关系如图 7-8 所示。我们实现了 Zhang 等成果中的聚类方法，聚类结果如图 7-9 所示。这种方法的结果导致了每个集群的单独决策。这表明，这些方法没有考虑决策者之间的信任关系，这影响了聚类方法的结果。

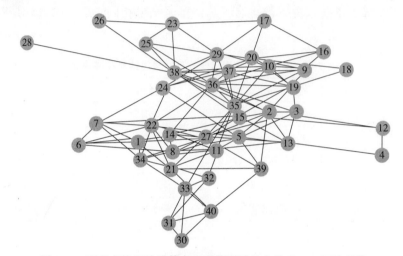

图 7-8　不考虑信任的决策者之间的原始社会关系——不信任值

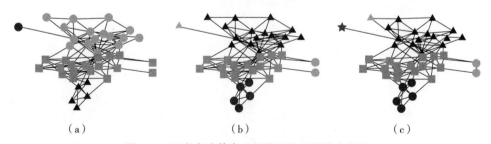

（a）　　　　　　　　（b）　　　　　　　　（c）

图 7-9　不考虑决策者之间信任关系的聚合结果

不同数量集群的排名结果如表 7-5 和图 7-8 所示。图 7-9a 显示了 4 个子组的聚类结果，其中正方形代表 A 组（包括 8 名相关政府部门人员，5 名专家学者，3 名服务业代表和公共团体代表，2 名普通的当地公众个体），浅色圆点代表 B 组（包括 2 名相关政府部门人员，5 名专家学者，5 名服务业代表和公共团体代表，4 名普通的当地公众个体），深色三角形代表 C 组（包括 4 名普通的当地公众个体），深色圆点代表 D 组（1 名服务业代表和公共团体代表）。

图 7-9b 显示了 5 个子组的聚类结果，其中正方形代表 A 组（包括 7 名相关政府部门人员，4 名专家学者，3 名服务业代表和公共团体代表，2 名普通的当地公众个体），深色三角形代表 B 组（包括 2 名相关政府部门人员，5 名专家学者，5 名服务业代表和公共团体代表，4 名普通的当地公众个体），深色圆点代表 C 组（包括 5 名普通的当地公众个体），浅色圆点代表 D 组（包括 1 名相关政府部门人员和 1 名专家学者）和浅色三角形代表 E 组（包括 1 名服务业代表和公共团体代表）。

图 7-9c 显示了 6 个子组的聚类结果，正方形代表 A 组（包括 6 名相关政府部门人员，6 名专家学者，3 名服务业代表和公共团体代表，2 名普通的当地公众个体），浅色圆点代表 B 组（包括 1 名相关政府部门人员和 1 名专家学者），深色三角形代表 C 组（包括 2 名相关政府部门人员，5 名专家学者，4 名服务业代表和公共团体代表，4 名普通的当地公众个体），深色圆点代表 D 组（包括 1 名服务业代表和公共团体代表，4 名普通的当地公众个体），星形代表 E 组（包括 1 名服务业代表和公共团体代表）和浅色三角形代表 F 组（包括 1 名服务业代表和公共团体代表）。40 名决策者的汇总结果如表 7-5 所示，当聚类以后，不同数量聚类结果的备选方案排序如图 7-7 所示。对比不考虑决策者之间信任—不信任关系，得到的汇总决策结果如表 7-5 所示，其对应的不同聚类数目下备选方案的排序结果如图 7-10 所示。

表 7-5　不考虑信任关系的情况下决策者的决策结果汇总

聚类结果	每个组的决策者
4组	A-['1', '11', '12', '13', '14', '15', '2', '21', '22', '27', '3', '34', '39', '4', '5', '6', '7', '8'] B-['10', '16', '17', '18', '19', '20', '23', '24', '25', '26', '29', '35', '36', '37', '38', '9'] C-['30', '31', '32', '33', '40'] D-['28']
5组	A-['1', '11', '13', '14', '15', '2', '21', '22', '27', '3', '34', '39', '5', '6', '7', '8'] B-['10', '16', '17', '18', '19', '20', '23', '24', '25', '26', '29', '35', '36', '37', '38', '9'] C-['30', '31', '32', '33', '40'] D-['12', '4'] E-['28']

续表

聚类结果	每个组的决策者
6组	A-['1','11','13','14','15','2','21','22','27','3','34','39','5','6','7','8','15'] B-['12','4'] C-['10','16','17','18','19','20','23','24','25','29','35','36','37','38','9'] D-['30','31','32','33','40'] E-['26'] F-['28']

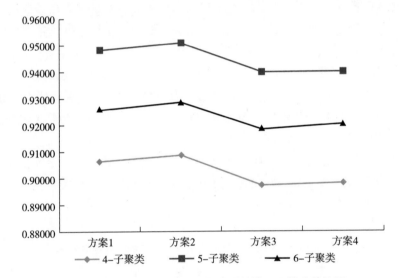

图7-10 在不考虑决策者信任关系的情况下的决策结果

表7-6中的最佳替代方案与表7-4中所示的相同。总体而言，模块化比考虑决策者之间的信任关系更糟糕。不考虑信任关系的最佳模块性为0.4126，而考虑信任关系时的最佳模块性为0.4141。此外，考虑信任关系的汇总结果更好，因为它们没有一个决策者组成一个子组。通常无论是否考虑信任关系，最佳选择都是相同的，而具体排名结果与表7-3和表7-5不同。因此，根据图7-10，发展以农产品为主的生态旅游是该地区发展的最佳选择。

表 7-6　不考虑信任关系的模块化聚类结果

聚类结果		4 组	5 组	6 组
模块化		0.4126	0.4034	0.3950
排序结果	第一	备选方案 A_2	备选方案 A_2	备选方案 A_2
	第二	备选方案 A_1	备选方案 A_1	备选方案 A_1
	第三	备选方案 A_4	备选方案 A_4	备选方案 A_4
	第四	备选方案 A_3	备选方案 A_3	备选方案 A_3

7.4　文化旅游项目决策分析总结

中国将环境保护作为一项基本国策，并实施了严格的生态和环境保护制度，以促进绿色生活方式和发展模式。目前，经济发展的利益与环境之间仍然存在冲突。在低碳经济时代，文化和旅游两大产业逐渐融合成为"绿色朝阳产业"，同时作为国民经济战略性支柱产业，旅游业和文化日益融合。文化旅游业的发展道路将对生态文明的建设产生重大影响，仔细分析文化旅游项目对其可持续发展起着关键作用。

在本章中，我们对乡村文化旅游项目的最优决策进行了深入分析和评估。我们的方法扩展了模糊决策理论的研究方法和应用，并为相关政府部门对区域文化项目的定量分析提供了框架。研究总共有三个主要创新点：第一，引入信任—不信任值来度量决策者之间的关系，获得有向加权网络，并使用扩展 GN 算法来应对合并大量数据的计算挑战。第二，将 IVIFN 置于直角坐标系中，分析其几何意义，计算初始评价信息的积分算子。第三，提出了一种适用于模糊环境下 LSGDM 的聚类方法模型。本章的重要贡献是计算了不同决策者之间的信任度和不信任度，因为人们彼此之间的信任和不信任关系明显不同。现有的大多数论文只关注社交网络关系的存在，而本章提出的算法关注决策者之间的网络关系的方向性和强度。数据表明，决策者之间的信任—不信任值不同，对聚类结果有一定影响。基于我们的研究结果，文化旅游项目的优化分析应考虑政府、参与企业和社会各界的投入，以实现市场化运营和可持续发展。本章对河北省某乡镇文化旅游的发展潜力进行了评价，确定了最适合的文化旅游发展模式和评估未来农村文化旅游项目的最佳决策框架。在未来的研究中，一方面，我们将继续关注计算信任—不信任关系程度的度量；另一方面，考虑到决策者的沟通问题，还应改进包括加权有向网络的聚合算法；这两点在现实中确实存在，对最终评估结果有重要影响。

8 结论与展望

8.1 主要结论

党的十七大上正式提出将政府建设成服务型政府的愿景。党的十八大报告上再次明确规定我们要建设服务型政府。党的十九大报告提出转变政府职能，深化简政放权，创新监管方式，增强政府公信力和执行力，建设人民满意的服务型政府。党的二十大为全面建设服务型政府指明了方向。服务型政府的其中一条重要要求就是要保证人民的满意度。保证党的领导的前提下，项目前期相关规范和决策的制定、建设后期管理等都可以引入公众参与。社会公众的需求很难实现整体的统一性，公众的需求也会随着时代的更新而改变，利用公众参与的形式可以及时有效地应对公共需求。

本书以公众和政府主导的投资建设方为调研对象，调研结果显示，虽然公众目前整体对参与制度的了解程度较低，但是大多表现出参与公共项目决策的积极态度。一方面，公众自身的认知差异、生活经验及教育背景等的不同，导致了公众对参与公共项目态度不同；另一方面，公众参与公共项目决策过程的时间成本和金钱成本同样值得关注。政府主导的投资建设方会因公众群体的差异性而对公众决策结果的专业性表示担忧，但总体数据显示，公众参与对项目本身和社会都会带来利好。为此本书进行了公众参与公共项目决策问题的研究。主要得到以下结论：

第一，考虑到公共项目的受众广泛，本书通过引入公众参与，以期促进公共项目决策结果的合理性和提高公共项目的管理效率。由于公众群体的数量较大，为了对公众群体的决策结果做科学处理，本书基于计算实验构造大群体的聚类模型分析多次演化后的聚类结果，同时考虑聚类的平均一致性和标准一致性，将参与评价的公众群体中相似度较高的公众分为一类，以确定聚类的数目和分类情况。另外，本书在直觉模糊数的基础上，率先提出了新的评价信息差异度计算方法，并将其进一步应用于聚类的相似度和平均一致性、标准一致性计算公式，并基于相似度计算公式通过编程多次循环演化，得到考虑平均一致性、标准一致性的最佳的聚类结果。

第二，针对公众参与公共项目的大群体决策问题，本书提出利用简化的直觉模糊数来描述公众群体的决策结果。该方法简单易懂，可以同时考虑公众群体对待决策问题的满意度和不满意度，并且可以快速地转化为严格的直觉模糊数。同时本书基于直觉模糊数提出了测量不同直觉模糊数的距离公式，并据此构造评价标准权重未知的多准则决策模型。首先确定评价标准权重，其次利用 TOPSIS 法对备选方案的决策信息进行处理，包括公众群体决策和专家群体决策，并对综合距离做权重的标准化处理，以便综合考虑公众群体和专家群体的决策结果。

第三，本书引入基于区间直觉模糊数（IVIFN）的多准则决策优化方法，处理公共项目的专家群体决策问题。首先给出全面考虑 IVIFN 模糊信息，可衡量两个不同 IVIFN 的差异度的计算公式，据此构造带均衡系数的评价准则权重确定模型。其次给出考虑正理想方案、负理想方案的相对距离计算公式，据此进行最终排序。最后以某省会城市的公共文化服务设施建设方案的选择为例，对决策结果进行多维度数值分析，设置不同的均衡系数值，并与不同的评价方法进行排序结果的比较，综合说明所提优化模型和决策方法的合理性和有效性。

本书将公共项目的决策问题转化为评价标准和决策者权重均未知的多准则群决策问题。由于公共项目的建设规模较大，一般在建设初期会同时遇到评价标准数量和备选方案数量都较大的情况，此时常规的多准则决策方法将收到局限。为了使公众给出的评价结果更加有针对性，需要专家在公众参与之前对大量的评价标准和备选方案做初步筛选。此时，引入最优最差法和偏好关系的比较思想，普通的偏好关系需要进行的比较次数较多，为此本书给出可以应对备选项数量较大时的比较方法——BWM 比较思想，该比较思想可以有效降低比较的次数。将该思想进行研究数域上的拓展，引入直觉乘法偏好关系的领域，这样一方面可保证评价结果的可靠性，另一方面能提高决策过程的效率。基于拓展的 BWM 比较思想，本书构造了公共项目评价标准体系和竞标方案的初步筛选决策模型。接着引入多准则决策方法中的 ELECTRE Ⅲ 法，该法通过构造优于关系，确定备选方案的排序，计算初步排序的满意度，判断是否需要在一定的限制次数下对初始决策矩阵中的部分"最影响满意度"的元素进行修正，该步骤可进一步有效提高决策效率，使最终的排序结果具有较高的可靠性和合理性。在初步筛选之后，结合第 4 章对公众大群体决策问题的研究和第 5 章对专家群体决策的研究，得到可以有效处理公共项目建设前期决策问题的方法体系，最后以一个关于公共文化设施建设前期的决策问题为例，说明该体系在具体问题上的有效性。

目前已有许多文章将模糊集理论或偏好关系理论应用于决策问题的评价中，包括项目管理领域，但是传统的多准则决策方法一般只适用于决策者数目较少的专家群体决策，将该决策方法应用于处理公众参与公共项目决策问题的研究相对较少。一些学者采取先对公众群体进行聚类，再对其进行具体评价的方式，这是已知方法中较为合理的可以处理公众群体数目较大的问题的方法。另外，已有的大量理论研究主要集中于政治学、公共政策和国家立法领域。而对具体的公众参与问题，尤其是公众参与公共项目的决策过程研究较少。公众群体的整体数量及其内部的差异性都较大，这也会增加公众参与公共项目决策过程的难度。关于公众参与公共项目领域，已有的大部分理论在具体的参与问题上显得有些抽象和形式化，在理论的研究过程中，一些微观角度的公众参与问题可能就会被忽视和掩盖。本书结合公众参与公共项目建设的实际问题，以实际调研为基础，展现出公众对参与公共项目决策的积极态度。通过构建方法体系，对公众决策信息做科学的筛选和集成，并将处理后的公众决策信息加入专家决策的过程。综合考虑公众群体和专家群体的决策结果，分析不同调节参数下双方对最终决策结果产生的影响。其中，在评价决策信息的表示和集成处理上，以模糊集理论和偏好关系为理论基础，通过提出更为合理的聚类方法，构造模型模拟聚类过程，并利用计算实验软件对模型给予应用。最终本书形成一套多准则决策方法体系，旨在为政府在公共项目的建设问题提供实用性的方法与工具。

8.2　研究的不足与展望

公众参与公共项目的决策过程是一项兼具理论性和实践性的研究，但是由于客观条件影响及自身能力水平的有限，本书尚存在以下不足之处：

第一，客观上，公众群体的数量确实非常庞大，而公共项目所服务的对象是几乎所有的社会公众。政府难以考虑到所有人的意愿。本书在设计和发放调查问卷时，也同样难以调查到所有公众的态度，只能在满足随机抽样条件的前提下，对调研收集到的数据做科学合理的统计和信息的集成。

第二，本书构建的基于公众群体的聚类算法模型，是以不同公众之间的相似度作为基础进行聚类计算的。该公式是在已有文献的基础之上，结合公众评价结果的数据特征进行构造的，因此在计算相似度准确度上还有待进一步深入研究，以期得到更加科学有效反映公众态度的结果。另外，聚类是根据计算实验法，运用 Netlogo 进行编程计算，选取运行的第 401~500 步的 100 步作为聚类结果选择范围，由于计算过程中存在一定的随机性，会出现不同的时间运行到 500 步之后，得到的聚类结果略有差异。因此聚类的运行时间可以考虑进一步加长，聚类的算法也还存有改进提升的空间。

第三，本书在对公众群体的决策结果做聚类分析时，经过多次演化之后发现聚类最优的结果往往会出现这样的规律性情况：首先会有一个包括总体一半左右数量的大群体；其次会有 3~4 个各自包含总体 1/10 数量的中等规模的群体；最后还有一些个别成员或者两三个个体组成的一个小型群体。实证分析所得的结论：由于参与决策的公众自身的学历、经验、专业水平等的不同，对公众参与相关问题的认知也会不同。这些结论启发我们，是否可以在群众中选择"意见领袖"，从而在公共项目决策的整个过程中，可以考虑对"意见领袖"做重点探究。然而，本书设计的问卷并不适用于研究此方面的内容。因此，在未来的研究中，可以尝试对这个问题做进一步的讨论和分析。

附录 1

公众参与公共项目调查问卷

亲爱的朋友：

您好！我们是公众参与公共项目决策问题研究课题组成员，为了解当前我国公共文化服务建设情况，以及您对公共文化服务的意见和建议，开展此次问卷调研，希望能得到您的指导和帮助。

本次调查仅作研究之用，不要求您填写姓名等信息，原始资料我们将严格保密，不对外公开。您只需要根据您自身的实际情况，在每个问题所给出的选项中打"√"，除明确指出的一般为单项选择。请您独立填写这份问卷，每个选项均无对错之分。

问卷一　面向普通公众

1. 您的性别是：

①男　　　　　　　　②女

2. 您的年龄是：_____周岁。

3. 您的文化程度是：

①初中　　　　　②高中（中专）　　③大学本科　　　　④硕士

⑤博士

4. 您的政治面貌：

①群众　　　　　　　　　　　②中共党员（包括预备党员）

③共青团员　　　　　　　　　④民主党派

5. 您的职业身份是：

①学生　　　　　　　　　　　②事业单位职工

③企业单位职工　　　　　　　④个体商户

⑤外出打工（_____年）　　　⑥自由职业者

⑦其他

6. 您的月均收入：

①2000 元（含）以下 　　　　　②2000～4000 元（含）

③4000～6000 元（含）　　　　　④6000～8000 元（含）

⑤8000～10000 元（含）　　　　 ⑥10000 元以上

7. 最近一年之内，您的居住户口：

①本地居民　　　　　　　　　　②暂住人员

8. 您是否了解目前我国公众参与公共项目决策的方式？

①完全不了解　　　　　　　　　②只听说过

③了解一些　　　　　　　　　　④基本了解

⑤非常了解

9. 如果您参与公共项目决策，您认为会给自己带来哪些正面影响？（可多选，至多选 3 个）

①维护自身权益　　　　　　　　②保护或改善自身生活、生存环境

③间接提高经济收入　　　　　　④降低经济生活成本

⑤提高自身素质　　　　　　　　⑥增加就业机会

⑦行使自己的参与权　　　　　　⑧改善自身形象

⑨提升自身能力　　　　　　　　⑩其他：＿＿＿＿＿＿

10. 如果您参与公共项目决策，您认为会对自身带来哪些负面影响？（可多选，至多选 3 个）

①泄露个人信息

②需要一定的时间成本

③需要负担一定经济成本

④意见未得到重视，带来一定的精神损伤

⑤对自身目前生活状态没有明显提升

⑥未改善自我形象

⑦其他：＿＿＿＿＿＿

11. 如果您参与公共项目决策，您认为会对社会带来哪些正面影响？（可多选，至多选 3 个）

①促进公众参与制度完善　　　　②提高公众参与意识

③促进民主化进程　　　　　　　④提高政府工作透明度

⑤促进经济可持续发展　　　　　⑥促进社会和谐公平

⑦降低政府决策失误概率　　　　⑧其他：＿＿＿＿＿＿

12. 如果您参与公共项目决策，您认为会对社会带来哪些负面影响？（可多选，至多选 3 个）

①增加政府引导公众行为的难度

②公众自身认知有差异性，有浪费社会资源的风险

③容易激化社会矛盾

④公众自身的责任心有差异性，影响社会和谐

⑤其他：＿＿＿＿＿＿＿＿＿

13. 如果您参与公共项目决策，您认为会对项目本身带来哪些益处？（可多选，至多选 3 个）

①提高公共项目决策的科学性　　②增加公众对项目的认可度

③减少"政绩工程"等出现的机会　④加强公众对项目的监督

⑤提高政府投入资源的利用率　　⑥降低项目后期的管理压力

⑦降低公众需求信息的收集难度　⑧其他：＿＿＿＿＿＿＿＿

14. 如果您参与公共项目决策，您认为会对项目带来哪些负面影响？（可多选，至多选 3 个）

①延长项目决策时间和项目工期

②增加项目决策的物质成本

③增加项目的决策难度

④参与决策的公众中存在一定的"搭便车"现象，影响决策结果的可信度

⑤提高决策失误的风险

⑥其他：＿＿＿＿＿＿＿＿＿

15. 您认为影响公众参与决策的原因有哪些？（可多选，至多选 3 个）

①公众自身专业知识不足

②公众自身受教育程度不够

③政府相关部门对项目信息的公开程度和传播程度不足

④公众自身的责任心不足

⑤相关法律条文未做明确规定

⑥公众参与成本较高，包括时间成本和金钱成本

⑦公众所在城市的类型

⑧公众缺乏指导，不知如何参与

⑨其他：＿＿＿＿＿＿＿＿＿

16. 如果选择部分公众作为代表参与公共项目的决策，您同意这种做法吗？

①非常同意　　②比较同意　　③无所谓　　④不同意

⑤非常不同意

17. 您认为目前公众参与机制的完善程度如何？

①非常完善　　　②比较完善　　　③无所谓　　　④不完善

⑤非常不完善

18. 您认为目前公众参与公共项目决策处于哪个层次？

①决策性参与　　　　　　　②被咨询性参与

③被动告知性参与　　　　　④基本无参与

⑤完全无参与

19. 您认为公共项目决策中，普通公众所占比例在哪个范围最为合适？

①0%～20%　　　　　　　②20%～30%

③30%～40%　　　　　　　④40%～50%

⑤50%及以上

20. 如果邀请您参与公共项目决策，但需要您承担一部分参与费用，您会如何选择？

①完全不参与　　　　　　　②根据费用高低决定

③根据与自己的利益关系决定　④不管任何情况都参与

21. 如果您愿意参与公共项目的决策，您愿意花多少时间？

①完全不参与　　　　　　　②根据时间长短决定

③根据与自己的利益关系决定　④不管任何情况都参与

注释：公共项目可以通俗地解释为，由国家财政性资金投资建设的项目，如道路、桥梁、图书馆、博物馆等服务于广大人民群众的设施项目。

感谢您的参与！如果您愿意同我分享该课题的进一步研究成果，请在此留下您的邮箱地址或联系方式。

问卷二　面向公共项目的投资建设方

1. 您的性别是：

①男　　　　　　　　　　　②女

2. 您的年龄是：＿＿＿周岁。

3. 您的文化程度是：

①初中　　　　　　　　　　②高中（中专）

③大学本科　　　　　　　　④硕士

⑤博士

4. 您的政治面貌：

①群众　　　　　　　　　　②中共党员（包括预备党员）

③共青团员　　　　　　　　④民主党派

5. 您的职业身份是：

①政府公共项目相关工作人员　②政府其他工作人员

③公共项目决策相关专家　　　④其他决策专家

6. 您的月均收入：

①2000元（含）以下　　　　②2000～4000元（含）

③4000～6000元（含）　　　④6000～8000元（含）

⑤8000～10000元（含）　　⑥10000元以上

7. 最近一年之内，您的居住户口：

①本地居民　　　　　　　　②暂住人员

8. 公共项目建设过程中，您认为最有待改善的是：

①项目的前期决策过程　　　②项目的实施过程

③项目的相关法律法规体系　④全方位的监督体制

⑤政府部门在具体项目管理的专业性上

⑥其他：＿＿＿＿＿＿

9. 您是否同意在公共项目的决策过程中引入公众参与？

①非常同意　　　　　　　　②比较同意

③无所谓　　　　　　　　　④不同意

⑤非常不同意

10. 如果同意，请问您认为哪种方式的引入会使决策效果最好？

①公众参与监督评价制度

②民意调查（包括问卷、随机访问、网络投票、微博）

③政府门户网站、互动平台　④面对面访谈

⑤公众请愿　　　　　　　　⑥听证会

⑦协商谈判制度　　　　　　⑧其他：＿＿＿＿＿＿

11. 对公众提出的意见，您会从多大程度重视并考虑？

①完全不重视　　　　　　　②略微重视

③一般程度重视　　　　　　④较为重视

⑤慎重考虑

12. 您认为影响公众参与决策的原因有哪些？（可多选，至多选3个）

①公众自身的专业知识不足

②公众自身的受教育程度不够

③政府相关部门对项目信息的公开程度和传播程度不足

④公众自身的责任心不足

⑤相关法律条文未做明确规定

⑥公众参与成本较高，包括时间成本和金钱成本

⑦公众所在城市的类型

⑧公众缺乏指导，不知道如何参与

⑨其他：＿＿＿＿＿＿＿＿

13. 您认为目前公众参与机制的完善程度如何？

①非常完善 　　　　　　　②比较完善

③无所谓 　　　　　　　　④不完善

⑤非常不完善

14. 如果引入公众参与公共项目决策，您认为会对社会带来哪些正面影响？（可多选，至多选 3 个）

①促进公众参与制度完善 　　②提高公众参与意识

③促进民主化进程 　　　　　④提升政府工作透明度

⑤促进经济可持续发展 　　　⑥促进社会和谐公平

⑦降低决策失误机会 　　　　⑧其他：＿＿＿＿＿＿＿

15. 如果引入公众参与公共项目决策，您认为会对项目带来哪些负面影响？（可多选，至多选 3 个）

①延长项目决策时间和项目工期

②增加项目决策的物质成本

③增加项目决策的难度

④参与决策的公众中存在一定的"搭便车"现象，影响决策结果的可信度

⑤提高决策失误的风险

⑥其他：＿＿＿＿＿＿＿＿

16. 如果引入公众参与公共项目决策，您认为会对项目本身带来哪些益处？（可多选，至多选 3 个）

①提高公共项目决策的科学性 　②增加公众对项目的认可度

③减少"政绩工程"等出现的机会 　④加强项目监督

⑤提高政府投入资源的利用率 　⑥降低项目后期的管理压力

⑦降低公众需求信息的收集难度 　⑧其他

17. 如果引入公众参与公共项目决策，您认为会对社会带来哪些负面影响？（可多选，至多选 3 个）

①增加政府引导公众行为的难度

②公众自身认知有差异性，有浪费社会资源的风险

③容易激化社会矛盾

④公众自身的责任心有差异性，影响社会和谐

⑤其他：＿＿＿＿＿＿＿

18. 如果选择部分公众作为代表参与公共项目的决策，您同意这种做法吗？

①非常同意　　　②比较同意　　　③无所谓　　　④不同意

⑤非常不同意

19. 您认为公共项目决策中，普通公众所占比例在哪个范围最为合适？

①0　　　　　②0%～20%　　　③20%～30%　　　④30%～40%

⑤40%～50%　　⑥50%及以上

注释：公共项目通俗地可以解释为，由国家财政性资金投资建设的项目，如道路、桥梁、图书馆、博物馆等服务于广大人民群众的设施项目。

感谢您的参与！如果您愿意同我分享该课题的进一步研究成果，请在此留下您的邮箱地址或联系方式。

附录 2

4.6 节完整聚类分析图

阈值取 0.71～0.85，以 0.01 为间隔，对不同的阈值下的聚类个数和一致性程度进行演化分析，得到附图 1～附图 15。

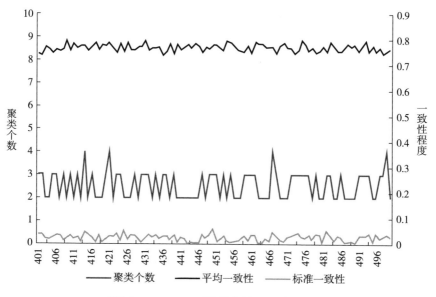

附图 1　$\gamma=0.71$ 时聚类个数和一致性程度

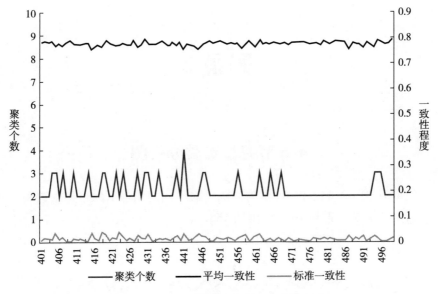

附图2 γ=0.72 时聚类个数和一致性程度

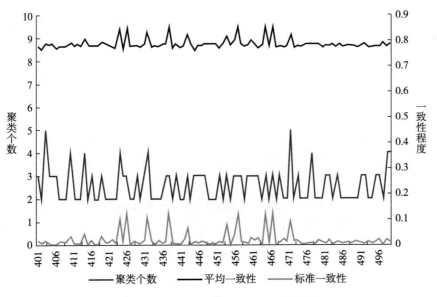

附图3 γ=0.73 时聚类个数和一致性程度

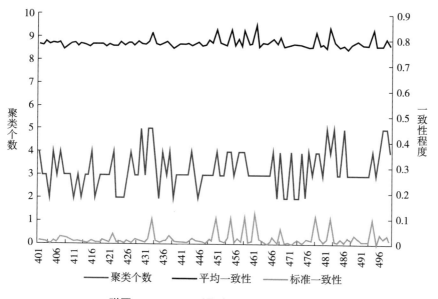

附图 4　$\gamma=0.74$ 时聚类个数和一致性程度

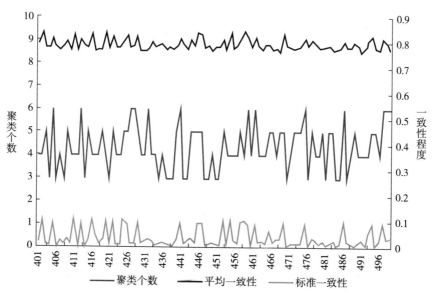

附图 5　$\gamma=0.75$ 时聚类个数和一致性程度

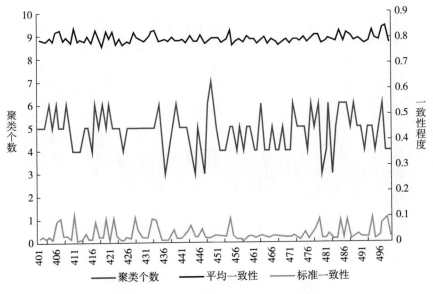

附图6 $\gamma=0.76$ 时聚类个数和一致性程度

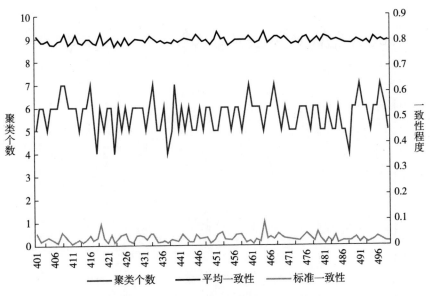

附图7 $\gamma=0.77$ 时聚类个数和一致性程度

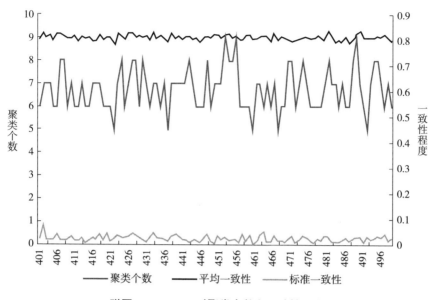

附图 8　$\gamma=0.78$ 时聚类个数和一致性程度

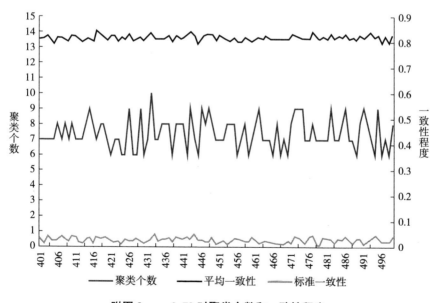

附图 9　$\gamma=0.79$ 时聚类个数和一致性程度

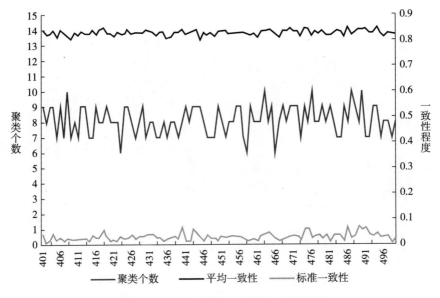

附图 10　γ=0.80 时聚类个数和一致性程度

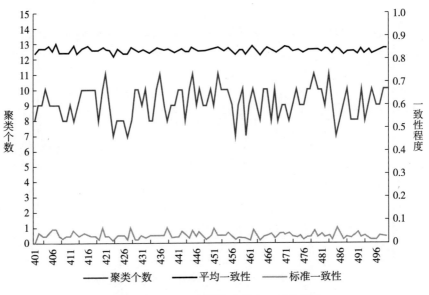

附图 11　γ=0.81 时聚类个数和一致性程度

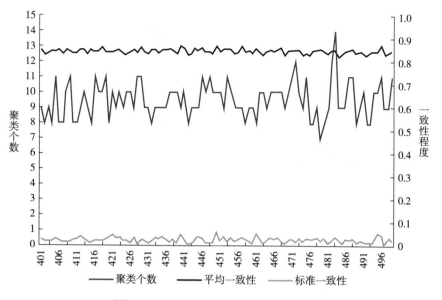

附图 12 γ=0.82 时聚类个数和一致性程度

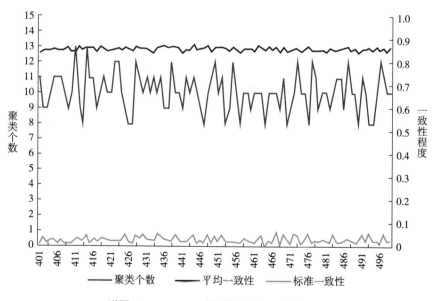

附图 13 γ=0.83 时聚类个数和一致性程度

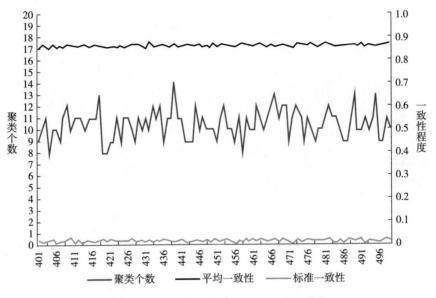

附图 14　$\gamma=0.84$ 时聚类个数和一致性程度

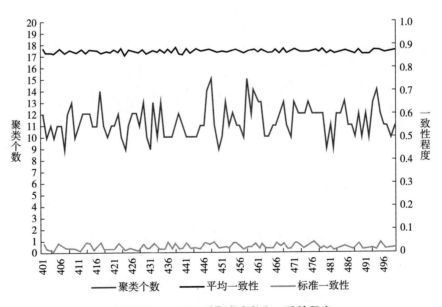

附图 15　$\gamma=0.85$ 时聚类个数和一致性程度

附录 3

定理 5.1 证明过程

定理 5.1 对于任意三个区间直觉模糊数 $\alpha_i = ([a_i, b_i], [c_i, d_i])(i = 1, 2, 3)$，有：

1) $0 \leqslant d(\alpha_1, \alpha_2) \leqslant 1$，特别地，$d(\alpha_1, \alpha_1) = 0$；

2) $d(\alpha_1, \alpha_2) = d(\alpha_2, \alpha_1)$；

3) $d(\alpha_1, \alpha_3) \leqslant d(\alpha_1, \alpha_2) + d(\alpha_2, \alpha_3)$。

证明：由得分函数 $S(\alpha_i)$，精确函数 $H(\alpha_i)$，隶属不确定指数 $T(\alpha_i)$，犹豫不确定指数 $G(\alpha_i)$ 的定义，可以得出 $-1 \leqslant S(\alpha_i) \leqslant 1$，$-1 \leqslant H(\alpha_i) \leqslant 1$，$-1 \leqslant T(\alpha_i) \leqslant 1$，$-1 \leqslant G(\alpha_i) \leqslant 1$。

1)

$$d(\alpha_1, \alpha_2) = \frac{1}{8}(\,|S(\alpha_1) - S(\alpha_2)| + |H(\alpha_1) - H(\alpha_2)| + $$
$$|T(\alpha_1) - T(\alpha_2)| + |G(\alpha_1) - G(\alpha_2)|\,) \geqslant$$
$$\frac{1}{8}(0 + 0 + 0 + 0) = 0$$

$$d(\alpha_1, \alpha_2) = \frac{1}{8}(\,|S(\alpha_1) - S(\alpha_2)| + |H(\alpha_1) - H(\alpha_2)| + $$
$$|T(\alpha_1) - T(\alpha_2)| + |G(\alpha_1) - G(\alpha_2)|\,) \leqslant$$
$$\frac{1}{8}(2 + 2 + 2 + 2) = 1$$

$$d(\alpha_1, \alpha_1) = \frac{1}{8}(\,|S(\alpha_1) - S(\alpha_1)| + |H(\alpha_1) - H(\alpha_1)| + $$
$$|T(\alpha_1) - T(\alpha_1)| + |G(\alpha_1) - G(\alpha_1)|\,)$$
$$= \frac{1}{8}(0 + 0 + 0 + 0) = 0$$

即 $0 \leq d(\alpha_1, \alpha_2) \leq 1$，$d(\alpha_1, \alpha_1) = 0$。

2)

$$d(\alpha_1, \alpha_2) = \frac{1}{8}(\,|S(\alpha_1) - S(\alpha_2)| + |H(\alpha_1) - H(\alpha_2)| +$$

$$|T(\alpha_1) - T(\alpha_2)| + |G(\alpha_1) - G(\alpha_2)|\,)$$

$$= \frac{1}{8}(\,|S(\alpha_2) - S(\alpha_1)| + |H(\alpha_2) - H(\alpha_1)| +$$

$$|T(\alpha_2) - T(\alpha_1)| + |G(\alpha_2) - G(\alpha_1)|\,)$$

$$= d(\alpha_2, \alpha_1)$$

3)

$$d(\alpha_1, \alpha_3) = \frac{1}{8}\left(\left|\frac{a_1 + b_1 - c_1 - d_1}{2} - \frac{a_3 + b_3 - c_3 - d_3}{2}\right| + \left|\frac{a_1 + b_1 + c_1 + d_1}{2} - \frac{a_3 + b_3 + c_3 + d_3}{2}\right| +\right.$$

$$\left.\left|\frac{b_1 + c_1 - a_1 - d_1}{2} - \frac{b_3 + c_3 - a_3 - d_3}{2}\right| + \left|\frac{b_1 + d_1 - a_1 - c_1}{2} - \frac{b_3 + d_3 - a_3 - c_3}{2}\right|\right)$$

$$= \frac{1}{16}(\,|(a_1 - a_3) + (b_1 - b_3) + (c_3 - c_1) + (d_3 - d_1)| +$$

$$|(a_3 - a_1) + (b_1 - b_3) + (c_1 - c_3) + (d_3 - d_1)| +$$

$$|(a_1 - a_3) + (b_1 - b_3) + (c_1 - c_3) + (d_1 - d_3)| +$$

$$|(a_3 - a_1) + (b_1 - b_3) + (c_3 - c_1) + (d_1 - d_3)|\,)$$

$$= \frac{1}{16}(\,|(a_1 - a_2 + a_2 - a_3) + (b_1 - b_2 + b_2 - b_3) + (c_3 - c_2 + c_2 - c_1) + (d_3 - d_2 + d_2 - d_1)| +$$

$$||(a_3 - a_2 + a_2 - a_1) + (b_1 - b_2 + b_2 - b_3) + (c_1 - c_2 + c_2 - c_3) + (d_3 - d_2 + d_2 - d_1)|| +$$

$$|(a_1 - a_2 + a_2 - a_3) + (b_1 - b_2 + b_2 - b_3) + (c_1 - c_2 + c_2 - c_3) + (d_1 - d_2 + d_2 - d_3)| +$$

$$|(a_3 - a_2 + a_2 - a_1) + (b_1 - b_2 + b_2 - b_3) + (c_3 - c_2 + c_2 - c_1) + (d_1 - d_2 + d_2 - d_3)|\,) \leq$$

$$\frac{1}{16}(\,|(a_1 - a_2) + (b_1 - b_2) + (c_3 - c_2) + (d_3 - d_2)| +$$

$$|(a_2 - a_3) + (b_2 - b_3) + (c_2 - c_1) + (d_2 - d_1)| +$$

$$|(a_3 - a_2) + (b_1 - b_2) + (c_1 - c_2) + (d_3 - d_2)| +$$

$$|(a_2 - a_1) + (b_2 - b_3) + (c_2 - c_3) + (d_2 - d_1)| +$$

$$|(a_1-a_2)+(b_1-b_2)+(c_1-c_2)+(d_1-d_2)|+$$
$$|(a_2-a_3)+(b_2-b_3)+(c_2-c_3)+(d_2-d_3)|+$$
$$|(a_3-a_2)+(b_1-b_2)+(c_3-c_2)+(d_1-d_2)|+$$
$$|(a_2-a_1)+(b_2-b_3)+(c_2-c_1)+(d_2-d_3)|)$$
$$=d(\alpha_1,\alpha_2)+d(\alpha_2,\alpha_3)$$

附录 4

6.3 节涉及的备选方案的初始决策矩阵

$$DM_{B(1)} = \begin{bmatrix}
(6,\ 1/7) & (2,\ 3) & (5,\ 1/7) & (2,\ 1/2) & (3,\ 1/4) & (2,\ 1/3) & (2,\ 1/2) \\
(7,\ 1/8) & (4,\ 1/5) & (8,\ 1/8) & (9,\ 1/9) & (1,\ 1) & (3,\ 1/4) & (4,\ 1/5) \\
(1,\ 1) & (2,\ 1/4) & (2,\ 1/4) & (1,\ 1) & (9,\ 1/9) & (8,\ 1/9) & (6,\ 1/7) \\
(9,\ 1/9) & (1,\ 1) & (7,\ 1/8) & (3,\ 1/4) & (2,\ 1/2) & (4,\ 1/5) & (1,\ 1) \\
(2,\ 1/3) & (3,\ 1/5) & (2,\ 1/3) & (5,\ 1/5) & (3,\ 1/4) & (6,\ 1/7) & (7,\ 1/8) \\
(6,\ 1/7) & (5,\ 1/7) & (5,\ 1/7) & (6,\ 1/7) & (4,\ 1/5) & (5,\ 1/6) & (2,\ 1/2) \\
(3,\ 1/4) & (4,\ 1/5) & (4,\ 1/4) & (4,\ 1/6) & (6,\ 1/7) & (7,\ 1/8) & (5,\ 1/6) \\
(5,\ 1/6) & (7,\ 1/9) & (6,\ 1/6) & (7,\ 1/7) & (7,\ 1/8) & (9,\ 1/9) & (3,\ 1/4) \\
(8,\ 1/9) & (9,\ 1/9) & (3,\ 1/5) & (3,\ 1/4) & (5,\ 1/6) & (1,\ 1) & (9,\ 1/9) \\
(4,\ 1/5) & (3,\ 1/6) & (8,\ 1/9) & (6,\ 1/7) & (8,\ 1/8) & (4,\ 1/6) & (2,\ 1/3) \\
(4,\ 1/6) & (8,\ 1/8) & (1,\ 1) & (2,\ 1/3) & (2,\ 1/2) & (3,\ 1/3) & (4,\ 1/4)
\end{bmatrix}$$

$$DM_{W(1)} = \begin{bmatrix}
(5,\ 1/5) & (1,\ 1) & (5,\ 1/5) & (3,\ 1/3) & (3,\ 1/3) & (2,\ 1/3) & (3,\ 1/4) \\
(7,\ 1/8) & (4,\ 1/5) & (8,\ 1/9) & (7,\ 1/8) & (2,\ 1/2) & (4,\ 1/5) & (4,\ 1/5) \\
(1,\ 1) & (4,\ 1/4) & (2,\ 1/3) & (3,\ 1/3) & (9,\ 1/9) & (8,\ 1/9) & (7,\ 1/8) \\
(8,\ 1/9) & (2,\ 1/3) & (7,\ 1/8) & (2,\ 1/2) & (1,\ 1) & (2,\ 1/2) & (1,\ 1) \\
(2,\ 1/3) & (7,\ 1/7) & (1,\ 1) & (1,\ 1) & (5,\ 1/5) & (9,\ 1/9) & (5,\ 1/6) \\
(5,\ 1/6) & (4,\ 1/5) & (5,\ 1/7) & (5,\ 1/6) & (6,\ 1/6) & (5,\ 1/6) & (2,\ 1/3) \\
(5,\ 1/5) & (5,\ 1/6) & (6,\ 1/6) & (7,\ 1/7) & (7,\ 1/8) & (4,\ 1/8) & (3,\ 1/4) \\
(4,\ 1/4) & (9,\ 1/9) & (3,\ 1/3) & (9,\ 1/9) & (9,\ 1/9) & (7,\ 1/8) & (2,\ 1/2) \\
(6,\ 1/7) & (8,\ 1/8) & (2,\ 1/3) & (4,\ 1/4) & (4,\ 1/4) & (1,\ 1) & (9,\ 1/9) \\
(5,\ 1/6) & (3,\ 1/3) & (9,\ 1/9) & (8,\ 1/9) & (8,\ 1/8) & (4,\ 1/6) & (6,\ 1/7) \\
(3,\ 1/3) & (6,\ 1/6) & (4,\ 1/4) & (2,\ 1/2) & (3,\ 1/4) & (3,\ 1/3) & (8,\ 1/9)
\end{bmatrix}$$

$$DM_{B(2)} = \begin{bmatrix}
(3,\ 1/4) & (3,\ 3) & (6,\ 1/7) & (1,\ 1) & (4,\ 1/4) & (3,\ 1/3) & (1,\ 1) \\
(8,\ 1/8) & (5,\ 1/5) & (9,\ 1/9) & (8,\ 1/9) & (1,\ 1) & (4,\ 1/4) & (5,\ 1/5) \\
(2,\ 1/2) & (4,\ 1/4) & (1,\ 1) & (2,\ 1/2) & (8,\ 1/9) & (7,\ 1/9) & (6,\ 1/7) \\
(1,\ 1/9) & (2,\ 1/2) & (8,\ 1/8) & (4,\ 1/4) & (3,\ 1/3) & (5,\ 1/5) & (2,\ 1/2) \\
(3,\ 1/3) & (1,\ 1) & (3,\ 1/3) & (5,\ 1/6) & (4,\ 1/4) & (6,\ 1/6) & (8,\ 1/8) \\
(7,\ 1/7) & (6,\ 1/7) & (4,\ 1/4) & (6,\ 1/7) & (3,\ 1/5) & (5,\ 1/5) & (3,\ 1/3) \\
(3,\ 1/3) & (5,\ 1/5) & (5,\ 1/5) & (3,\ 1/6) & (5,\ 1/5) & (8,\ 1/8) & (4,\ 1/6) \\
(5,\ 1/7) & (7,\ 1/7) & (6,\ 1/6) & (7,\ 1/7) & (6,\ 1/8) & (9,\ 1/9) & (3,\ 1/4) \\
(9,\ 1/9) & (8,\ 1/8) & (4,\ 1/5) & (3,\ 1/4) & (7,\ 1/7) & (1,\ 1) & (9,\ 1/9) \\
(3,\ 1/6) & (3,\ 1/6) & (7,\ 1/9) & (6,\ 1/7) & (9,\ 1/9) & (4,\ 1/6) & (3,\ 1/3) \\
(6,\ 1/6) & (9,\ 1/9) & (2,\ 1/2) & (2,\ 1/3) & (2,\ 1/2) & (2,\ 1/3) & (4,\ 1/4)
\end{bmatrix}$$

$$
DM_{W(2)} = \begin{bmatrix}
(4,\ 1/5) & (1,\ 1) & (6,\ 1/6) & (4,\ 1/4) & (2,\ 1/2) & (3,\ 1/3) & (3,\ 1/3) \\
(8,\ 1/8) & (5,\ 1/5) & (9,\ 1/9) & (8,\ 1/8) & (1,\ 1) & (4,\ 1/4) & (5,\ 1/5) \\
(2,\ 1/2) & (3,\ 1/4) & (1,\ 1) & (2,\ 1/2) & (8,\ 1/9) & (9,\ 1/9) & (7,\ 1/7) \\
(9,\ 1/9) & (3,\ 1/3) & (8,\ 1/8) & (4,\ 1/4) & (3,\ 1/3) & (1,\ 1) & (2,\ 1/2) \\
(1,\ 1) & (6,\ 1/7) & (2,\ 1/3) & (1,\ 1) & (4,\ 1/4) & (7,\ 1/7) & (6,\ 1/6) \\
(6,\ 1/6) & (4,\ 1/4) & (6,\ 1/7) & (5,\ 1/5) & (5,\ 1/5) & (6,\ 1/6) & (3,\ 1/3) \\
(4,\ 1/5) & (2,\ 1/3) & (5,\ 1/6) & (6,\ 1/7) & (6,\ 1/6) & (5,\ 1/8) & (4,\ 1/4) \\
(3,\ 1/4) & (7,\ 1/8) & (4,\ 1/5) & (7,\ 1/8) & (7,\ 1/7) & (8,\ 1/8) & (1,\ 1) \\
(7,\ 1/7) & (8,\ 1/8) & (3,\ 1/3) & (3,\ 1/3) & (4,\ 1/4) & (2,\ 1/2) & (8,\ 1/9) \\
(5,\ 1/5) & (5,\ 1/6) & (7,\ 1/9) & (9,\ 1/9) & (9,\ 1/9) & (5,\ 1/6) & (6,\ 1/6) \\
(2,\ 1/3) & (9,\ 1/9) & (3,\ 1/4) & (2,\ 1/2) & (3,\ 1/3) & (1,\ 1) & (9,\ 1/9)
\end{bmatrix}
$$

$$
DM_{B(3)} = \begin{bmatrix}
(4,\ 1/4) & (2,\ 3) & (5,\ 1/7) & (1,\ 1) & (4,\ 1/4) & (8,\ 1/8) & (4,\ 1/4) \\
(7,\ 1/8) & (5,\ 1/5) & (8,\ 1/9) & (9,\ 1/9) & (1,\ 1) & (3,\ 1/4) & (3,\ 1/3) \\
(2,\ 1/3) & (4,\ 1/5) & (1,\ 1) & (2,\ 1/3) & (8,\ 1/9) & (9,\ 1/9) & (5,\ 1/5) \\
(1,\ 1/9) & (1,\ 1) & (7,\ 1/8) & (3,\ 1/4) & (3,\ 1/3) & (4,\ 1/5) & (1,\ 1) \\
(3,\ 1/4) & (2,\ 1/2) & (3,\ 1/4) & (6,\ 1/6) & (4,\ 1/4) & (5,\ 1/6) & (7,\ 1/8) \\
(6,\ 1/7) & (5,\ 1/7) & (4,\ 1/4) & (4,\ 1/4) & (3,\ 1/4) & (6,\ 1/6) & (2,\ 1/2) \\
(5,\ 1/6) & (6,\ 1/6) & (6,\ 1/6) & (3,\ 1/3) & (5,\ 1/5) & (7,\ 1/7) & (4,\ 1/5) \\
(4,\ 1/4) & (7,\ 1/7) & (5,\ 1/6) & (7,\ 1/7) & (6,\ 1/8) & (6,\ 1/9) & (6,\ 1/6) \\
(9,\ 1/9) & (9,\ 1/9) & (4,\ 1/4) & (5,\ 1/5) & (7,\ 1/7) & (2,\ 1/2) & (9,\ 1/9) \\
(8,\ 1/8) & (3,\ 1/6) & (9,\ 1/9) & (8,\ 1/8) & (9,\ 1/9) & (4,\ 1/6) & (3,\ 1/4) \\
(5,\ 1/6) & (8,\ 1/9) & (2,\ 1/2) & (2,\ 1/3) & (2,\ 1/2) & (1,\ 1) & (5,\ 1/5)
\end{bmatrix}
$$

$$
DM_{W(3)} = \begin{bmatrix}
(4,\ 1/5) & (2,\ 1/2) & (5,\ 1/6) & (2,\ 1/3) & (2,\ 1/2) & (4,\ 1/6) & (4,\ 1/5) \\
(7,\ 1/8) & (4,\ 1/5) & (8,\ 1/9) & (9,\ 1/9) & (1,\ 1) & (5,\ 1/6) & (5,\ 1/6) \\
(1,\ 1) & (3,\ 1/3) & (1,\ 1) & (2,\ 1/2) & (8,\ 1/8) & (8,\ 1/9) & (6,\ 1/9) \\
(8,\ 1/9) & (5,\ 1/5) & (7,\ 1/8) & (3,\ 1/4) & (3,\ 1/4) & (2,\ 1/5) & (1,\ 1) \\
(2,\ 1/2) & (6,\ 1/6) & (3,\ 1/3) & (1,\ 1) & (7,\ 1/7) & (6,\ 1/7) & (6,\ 1/6) \\
(5,\ 1/5) & (4,\ 1/4) & (6,\ 1/6) & (4,\ 1/5) & (5,\ 1/5) & (6,\ 1/6) & (3,\ 1/3) \\
(4,\ 1/4) & (1,\ 1) & (4,\ 1/4) & (6,\ 1/8) & (3,\ 1/3) & (1,\ 1) & (5,\ 1/5) \\
(3,\ 1/4) & (8,\ 1/8) & (5,\ 1/5) & (7,\ 1/8) & (1,\ 1) & (9,\ 1/9) & (7,\ 1/7) \\
(9,\ 1/9) & (9,\ 1/9) & (2,\ 1/3) & (4,\ 1/4) & (6,\ 1/6) & (5,\ 1/5) & (8,\ 1/8) \\
(6,\ 1/6) & (6,\ 1/6) & (7,\ 1/9) & (8,\ 1/8) & (8,\ 1/9) & (3,\ 1/3) & (6,\ 1/6) \\
(2,\ 1/3) & (7,\ 1/9) & (4,\ 1/4) & (3,\ 1/3) & (4,\ 1/5) & (4,\ 1/4) & (7,\ 1/7)
\end{bmatrix}
$$

参考文献

［1］ Alford J. Defining the Client in the Public Sector: A Social-Exchange Perspective ［J］. Pubilic Administration Review, 2002, 62 (3): 337-346.

［2］ Alonso S, Chiclana F, Herrera F, Herrera - Viedma E A. Learning Procedure to Estimate Missing Values in Fuzzy Preference Relations Based on Assitive Consistency ［J］. Lecture Notes in Computer Science, Modeling Decisions for Artificial Intelligence, 2008 (3131): 227-238

［3］ Alonso S, Herrera-Viedma E, Chiclana F, Herrera F. A Web Based Consensus Support System for Group Decision Making Problems and Incomplete Preferences ［J］. Information Science, 2010, 180 (23): 4477-4495.

［4］ Arnstein S R. A Ladder of Citizen Participation ［J］. Journal of the American Planning Association, 1969, 35 (4): 216-224.

［5］ Atanassov K T, Gargov G. Interval Valued Intuitionistic Fuzzy Sets ［J］. Fuzzy Sets and Systems, 1989, 31 (3): 343-349.

［6］ Atanassov K T. Intuitionistic Fuzzy Sets ［J］. Fuzzy Sets and Systems, 1986, 20 (1): 87-96.

［7］ Atanassov K T. More on Intuitionistic Fuzzy Sets ［J］. Fuzzy Sets and Systems, 1989, 33 (1): 37-45.

［8］ Atanassov K T. New Operations Defined Over the Intuitionistic Fuzzy Sets ［J］. Fuzzy Sets and Systems, 1994, 61 (2): 137-142.

［9］ Atanassov K T. Research on Intuitionistic Fuzzy Sets ［J］. Fuzzy Sets and Systems, 1993, 54 (3): 363-364.

［10］ Atanassov K T. Two Theorems for Intuitionistic Fuzzy Sets ［J］. Fuzzy Sets and Systems, 2000, 110 (2): 267-269.

［11］ Bagočius V, Zavadskas E K, Turskis Z. Multi-person Selection of the Best Wind Turbine Based on the Multi - criteria Integrated Additive - multiplicative Utility Function ［J］. Journal of Civil Engineering and Management, 2014, 20 (4): 590-599.

［12］ Baič A M, Kamal S M, Almazroui M, Al-Marzouki F M. A Mathematical

Model for the Climate Change: Can Unpredictability Offset the Temptations to Pollute? [J]. Applied Mathematics and Computation, 2015 (265): 187-195.

[13] Bickerstaff K. Tolley R. Walker G. Transport Planning and Participation: The Rhetoric and Realities of Public Involvement [J]. Journal of Transport Geography, 2002, 10 (1): 61-73.

[14] Bond A, Palerm J, Paul Haigh P. Public Participation in EIA of Nuclear Power Plants Decommioning Projects: A Case Study Analysis [J]. Environmental Impact Assessment Review. 2007, 24 (6): 617-641.

[15] Bourne L. Stakeholer Relationship Management: A Maturity Model for Organizational Implementation [M]. London: Gower Publishing Limited, 2009.

[16] Bovaird T. Beyond Engagement and Partition: User and Community Coproduction of Public Services [J]. Public Administration Peview, 2007 (8): 846-860.

[17] Bozóki S, Csató L, Temesi J. An Application of Incomplete Pairwise Comparison Matrices for Ranking Top Tennis Players [J]. European Journal of Operational Research, 2016, 248 (1): 211-218.

[18] Chen H Y, Zhou L G, Han B. On Compatibility of Uncertain Additive Linguistic Preference Relations and its Application in the Group Decision Making [J]. Knowledge Based System, 2011, 24 (6): 816-823.

[19] Chen M H, Wang L, Wang J, Sun S W, Xia C Y. Impact of Individual Response Strategy on the Spatial Public Goods Game within Mobile Agents [J]. Applied Mathematics and Computation, 2015 (251): 192-202.

[20] Chen S M, Cheng S, Lan T. Multicriteria Decision Making Based on the Topsis Method and Similarity Measures between Intuitionistic Fuzzy Values [J]. Inf. Sci. 2016 (367): 279-295.

[21] Chen S M, Tan J M. Handling Multi-criteria Fuzzy Decision-making Problems Based on Vague Set Theory [J]. Fuzzy Sets and Systems, 1994, 67 (2): 163-172.

[22] Chuu S J. Group Decision-making Model using Fuzzy Multiple Attributes Analysis for the Evaluation of Advanced Manufacturing Technology [J]. Fuzzy Sets and Systems, 2009, 160 (5): 586-602.

[23] Dadelo S, Turskis Z, Zavadskas E K, Dadeliene R. Multi-criteria Assessment and Ranking System of Sport Team Formation Based on Objective-measured Values of Criteria Set [J]. Expert Systems with Applications, 2014, 41 (14): 6106-6113.

[24] Doelle M, Sinclair A J. Time for a New Approach to Public Participation in

EA: Promoting Cooperation and Consensus for Sustainability [J]. Environmental Impact Assessment Review, 2006, 26 (2): 185-205.

[25] Espinilla M, Liu J, Martinez L. An Extended Hierarchical Linguistic Model for Decision – Making Problems [J]. Computational Intelligence, 2011, 27 (3): 489-512.

[26] Faizi S, Saabun W, Rashid T, Zafar S, Watróbski J. Intuitionistic Fuzzy Sets in Multi-Criteria Group Decision Making Problems Using the Characteristic Objects Method [J]. Symmetry, 2020 (12): 1382.

[27] Freeman R E. Strategic Management: A Stakeholder Approach [M]. Boston, Pitman Publishing, 1984.

[28] Genc S, Boran F E, Akay D, Xu Z S. Interval Mulitiplicative Transitivity for Consistency, Missing Values and Priority Weights of Interval Fuzzy Preference Relations [J]. Information Sciences, 2010, 180 (24): 4877-4891.

[29] Goletsis Y, Papaloukas C, Fotiadis D I, Likas A, Michalis L. KA Multicriteria Decision Based Approach for Inshaemia Detection in long Duration ECGs [J]. Information Technology Applications in Biomedicine, 2003 (160): 173-176

[30] Gorzalczany M B. Approximate Inference with Interval-valued Fuzzy Sets-an Outline [C]. Proceedings of the Polish Symposium on Interval and Fuzzy Mathematics, 1983: 89-95.

[31] Herrera F, Herrera-Viedma E, Chiclana F. Multiperson Decision-making Based on Multiplicative Preference Relations [J]. European J of Operational Research, 2001, 129 (2): 372-385.

[32] Herrera F, Herrera-Viedma E, Martinez L. A Fusion Approach for Managing Multi-granularity Linguistic Term Sets in Decision Making [J]. Fuzzy Sets and Systems, 2000, 114 (1): 43-58.

[33] Herrera F, Herrera-Viedma E, Verdegay J. L. A Sequential Selection Process in Group Decision Making with a Linguistic Assessment Approach [J]. Information Science, 1995, 85 (4): 223-239.

[34] Herrera F, Martinez L. A Model Based on Linguistic 2-tuples for Dealing with Multigranular Hierarchical Linguistic Contexts in Multi-expert Decision-making [J]. IEEE Transactions on Systems, Man, and Cybernetics-Part B: Cybernetics, 2001, 31 (2): 227-234.

[35] Herrera-Viedma E, Chiclana F, Herrera F, Alonso S. Group Decision-

making Model with Incomplete Fuzzy Preference Relations Based on Additive Consistency [J]. IEEE Transactions on Fuzzy Systems, 2007, 37 (1): 176-189.

[36] Hong D H, Choi C H. Multi-criteria Fuzzy Decision-making Problems Based on Vague Set Theory [J]. Fuzzy Sets and Systems, 2000, 144 (1): 103-113.

[37] Hung W L, Yang M S. Similarity Measures of Intuitionistic Fuzzy Sets Based on Hausdorff Distance [J]. Pattern Recognition Letters, 2004, 46 (1): 120-136.

[38] Hwang C L, Yoon K S. Multiple Attributes Decision Making Methods and Applications [M]. Springer Berlin Heidelberr, 1981.

[39] Irvin R A, Stansbury J. Citizen Participation in Decision Making: Is it Worth the Effort [J]. Public Administration Review, 2004, 64 (1): 55-65.

[40] Jiang Y, Xu Z S, Xu J P. Interval-valued Intuitionistic Multiplicative Set [J]. International Journal of Uncertainty, Fuzziness and Knowledge-Based Systems, 2014, 22 (3): 385-406.

[41] Jiang Y, Xu Z S, Yu X H. Compatibility Measures and Consensus Models for Group Decision Making with Intuitionistic Multiplicative Preference Relations [J]. Applied Soft Computing, 2013, 13 (4): 2075-2086.

[42] Junker B, Buchecker M, Müller - Bker U. Objectives of Public Participation: Which Actors Should be Involved in the Decision Making for River Restorations? [J]. Water Resources Research, 2007, 43 (10): 2457-2463.

[43] Kim S H, Ahn B S. Group Decision Making Procedure Considering Preference Strength under Incomplete Information [J]. Computers & Operations Research, 1997, 24 (12): 1101-1112.

[44] Kou G, Peng Y, Chen Z, Shi Y. Multiple Criteria Mathematical Programming for Multi-class Classification and Application in Network Intrusion Detection [J]. Information Sciences, 2009, 179 (4): 371-381.

[45] Li S, Yang J, Wang G, Xu T. Multi-granularity Distance Measure for Interval-valued Intuitionistic Fuzzy Concepts [J]. Information Sciences, 2021 (570): 599-622.

[46] Mehrjerdi Y Z. Strategic System Selection with Linguistic Preferences and Grey Information Using MCDM [J]. Applied Soft Computing, 2014 (18): 323-337.

[47] Meng F Y, Chen S M, Yuan R P. Group Decision Making with Heterogeneous Intuitionistic Fuzzy Preference Relations [J]. Information Sciences, 2020 (523): 197-219.

［48］ Orlovsky S A. Decision－making with a Fuzzy Preference Relation ［J］. Fuzzy Sets and Systems, 1978, 1 (3): 155-167.

［49］ Rezaei JBest－worst Multi－criteria Decision－making Method ［J］. Omega, 2015 (53): 49-57

［50］ Rodríguez R M, Martínez L, Herrera F. Hesitant Fuzzy Linguistic Terms Sets for Decision Making ［J］. IEEE Transactions on Fuzzy Systems, 2012, 20 (1): 109-119.

［51］ Saaty T L. A Scaling Method for Priorities in Hierarchy Structures ［J］. Journal of Mathematical Psychology, 1977, 15 (3): 234-281.

［52］ Saaty T L. The Analytic Hierarchy Process ［M］. New York, McGraw－Hill, 1990.

［53］ Saaty T L, Vargas L G. Uncertainty and Rank Order in the Analytic Hierarchy Process ［J］. European Journal of Operational Research, 1987, 32 (1): 107-117.

［54］ Simon H A. Administrative Behavior ［M］. Simon and Schuster, 2013.

［55］ Srdjevic B, Srdjevic Z, Zoranovic T, Suvocarev K. Group Decision－making in Selecting Nanotechnology Supplier: AHP Application in Presence of Complete and Incomplete Information ［J］. Nanomaterials: Risks Benefits, 2005 (5): 409-422.

［56］ Szmidt E, Kacprzyk J. Distances between Intuitionistic Fuzzy Sets ［J］. Fuzzy Sets and Systems, 2000, 114 (3): 505-518.

［57］ Szmidt E, Kacprzyk J. Using Intuitionistic Fuzzy Sets in Group Decision Making ［J］. Control and Cybernetics, 2002, 31 (4): 1055-1057.

［58］ Tang M, Liao H C. From Conventional Group Decision Making to Large－scale Group Decision Making: What are the Challenges and Hhow to Meet Them in Big Data Era? A state-of-the-art survey ［J］. Omega, 2021 (100).

［59］ Tang M, Liao H, Xu J, Streimikiene D, Zheng X S. Adaptive Consensus Reaching Process with Hybrid Strategies for Large－scale Group Decision Making ［J］. European Journal of Operational Research, 2020, 282 (3): 957-971.

［60］ Tanino T. Fuzzy Preference Orderings in Group Decision Making ［J］. Fuzzy Sets and Systems, 1984, 12 (2): 117-131.

［61］ Tan X, Zhu J, Cabrerizo F J, Herrera－Viedma E. A Cyclic Dynamic Trust-based Consensus Model for Large－scale Group Decision Making with Probabilistic Linguistic Information ［J］. Appl. Soft Comput. J., 2021 (100): 106937.

［62］ Thomas P, Palfrey C. Evaluation: Stakeholder－Focused Criteria ［J］.

Social Policy & Administration, 1996, 30 (2): 125-142.

[63] Von Neumann J, Morgenstern O. Theory of Games and Economic Behavior [M]. Princeton University Press, 2007.

[64] Wang P Y, Jiang S, Zhang B. A New Method for Two-sided Matching Decision Making of PPP Projects Based on Intuitionistic Fuzzy Choquet Integral [J]. Journal of Intelligent & Fuzzy Systems, 2016 (31): 2221-2230.

[65] Wang Y M, Parkan C. Optimal Aggregation of Fuzzy Preference Relations with an Application to Broadband Internet Service Selection [J]. European Journal of Operational Research, 2008, 187 (3): 1476-1486.

[66] Wang Y M, Yang J B, Xu D L. A Two-stage Logarithmic Goal Programming Method for Generating Weights from Interval Comparison Matrices [J]. Fuzzy Sets and Systems, 2005, 152 (3): 475-498.

[67] Wang Z, Li K W, Wang W. An Approach to Multiattribute Decision Making with Interval-valued Intuitionistic Fuzzy Assessments and Incomplete Weights [J]. Information Sciences, 2009, 179 (17): 3026-3040.

[68] Whitaker G P. Coproduction: Citizen Participation in Service Delivery [J]. Public Administration Peview, 1980, 40 (3): 240-246.

[69] Wu L H, Ma T S, Bian Y C, Li S J, Yi Z Q. Improvement of Regional Environmental Quality: Government Environmental Governance and Public Participation [J]. Science of the Total Environment, 2020: 137-265.

[70] Wu P, Wu Q, Zhou L G, Chen H Y. Optimal Group Selection Model for Large-scale Group Decision Making [J]. Information Fusion, 2020 (61): 1-12.

[71] Xia M M, Xu Z S. Group Decision Making Based on Intuitionistic Multiplicative Aggregation Operators [J]. Applied Mathematical Modelling, 2013, 37 (7): 5120-5133.

[72] Xiao J, Wang X, Zhang H. Managing Personalized Individual Semantics and Consensus in Linguistic Distribution Large-scale Group Decision Making [J]. Information Fusion, 2020 (53): 20-34.

[73] Xu Y J, Herrera F, Wang H M. A Distance-based Framework to Deal with Ordinal and Additive Inconsistencies for Fuzzy Reciprocal Preference Relations [J]. Information Sciences, 2016 (328): 189-205.

[74] Xu Z S. A Deviation-Based Approach to Intuitionistic Fuzzy Multiple Attribute Group Decision Making [J]. Group Decision and Negotiation, 2010, 19 (1):

57-76.

[75] Xu Z S. A Method for Priorities of Triangular Fuzzy Number Complementary Judgement Matrices [J]. Fuzzy Systems and Mathematics, 2003 (16): 47-50.

[76] Xu Z S. An Approach Based on the Uncertain LOWG and the Induced Uncertain Lowg Operators to Group Decision Making with Uncertain Multiplicative Linguistic Preference Relations [J]. Decision Support Systems, 2006, 41 (2): 488-499.

[77] Xu Z S, Chen J. Some Models for Deriving the Priority Weights from Interval Fuzzy Preference Relations [J]. European Journal of Operational Research, 2008, 184 (1): 266-280.

[78] Xu Z S, Liao H C. A Survey of Approaches to Decision Making with Intuitionistic Fuzzy Preference Relations [J]. Knowledge-based Systems, 2015 (80): 131-142.

[79] Xu Z S. On Compatibility of Interval Fuzzy Preference Relations [J]. Fuzzy Optimization and Decision Making, 2004, 3 (3): 217-225.

[80] Xu Z S. On Priority Method of Triangular Fuzzy Number of Complementary Judgement Matrix [J]. Journal of Systems Engineering, 2004 (19): 85-88.

[81] Xu Z S. Priority Weight Intervals Derived from Intuitionistic Multiplicative Preference [J]. IEEE Transactions on Fuzzy Systems, 2013, 21 (4): 642-654

[82] Xu Z S. Uncertain Linguistic Aggregation Operators Based Approach to Multiple Attribute Group Decision Making under Uncertain Linguistic Environment [J]. Information Sciences, 2004, 168 (1-4): 171-184.

[83] Xu Z S, Yager R R. Intuitionistic and Interval-Valued Intutionistic Fuzzy Preference Relations and Their Measures of Similarity for the Evaluation of Agreement within a Group [J]. Fuzzy Optimization and Decision Making, 2009, 8 (2): 123-139.

[84] Xu Z S, Yager R R. Some Geometric Aggregation Operatiors Based on Intuitionistic Fuzzy Sets [J]. International Journal of General Systems, 2006 (35): 417-433.

[85] Yager R R. OWA Aggregation Over a Continuous Interval Argument with Applications to Decision Making [J]. IEEE Transactions on Systems, 2004, 34 (5): 1952-1963.

[86] You X S, Chen T, Yang Q. Approach to Multi-Criteria Group Decision-Making Problems Based on the Best-Worst-Method and ELECTRE Method [J]. Symmetry, 2016, 8 (9): 95.

[87] You X S, Yang Q. An Aggregating Method to Big Group Decision-making

Problem for the Public Participation Problem Under the Chinese Situation ［J］. Journal of Intelligence. Fuzzy Syst, 2019 （36）：487-504.

［88］ Zadeh L A. Fuzzy sets ［J］. Information and Control, 1965 （8）：338-353.

［89］ Zadeh L A. The Concept of a Linguistic Variable and Its Applications in Approximate Reasoning ［J］. Information Science, 1975, 8 （3）：199-249.

［90］ Zhang D L, Yang Y B, Wang W C, You X S. A LSGDM Method Based on Social Network and IVIFN's Geometric Characteristics for Evaluating the Collaborative Innovation Problem ［J］. J. Intell. Fuzzy Syst, 2021 （40）：5119-5138.

［91］ Zhang H, Dong Y, Herrera-Viedma E. Consensus Building for the Heterogeneous Large-scale GDM with the Individual Concerns and Satisfactions ［J］. IEEE Transalions on Fuzzy Systems, 2018 （26）884-898.

［92］ Zhou S H, Ji X, Xu X H. A Hierarchical Selection Algorithm for Multiple Attributes Decision Making with Large-scale Alternatives ［J］. Information Sciences, 2020 （521）：195-208.

［93］ 包国宪, 马翔, 李树军. 公共项目绩效损失结构、测度与评价方法研究 ［J］. 上海行政学院学报, 2020, 21 （4）：35-47.

［94］ 鲍玉昆, 徐沧, 张金隆. 基于 GA 算法的科技项目联合投标伙伴选择模型 ［J］. 华中科技大学学报（自然科学版）, 2003 （11）：115-117.

［95］ 蔡定剑. 公众参与：欧洲的制度和经验 ［M］. 北京：法律出版社, 2009.

［96］ 蔡定剑. 中国公众参与的问题与前景 ［J］. 民主与科学, 2010 （5）：28-31.

［97］ 曹杰, 王海燕, 陈森发. 动态联盟企业合作伙伴的选择评判分析 ［J］. 科技管理研究, 2006, 26 （10）：207-210.

［98］ 曹静, 徐选华, 陈晓红. 极端偏好影响的大群体应急决策风险演化模型 ［J］. 系统工程理论与实践, 2019, 39 （3）：54-72.

［99］ 陈朝兵, 简婷婷. 政府数据开放中的公众参与模式：理论构建与案例实证 ［J］. 图书情报工作, 2020, 64 （22）：59-60.

［100］ 陈通, 任登魁, 朱玲玲. 我国政府投资项目管理新机制的实践与创新研究 ［J］. 管理世界, 2015 （4）：178-179.

［101］ 陈晓红, 阳熹. 一种基于三角模糊数的多属性群决策方法 ［J］. 系统工程与电子技术, 2008 （2）：87-91.

［102］ 陈旭辉. 公众参与公共图书馆治理的地方立法研究 ［J］. 图书馆工作

与研究，2022（9）：123-130.

[103] 陈志旺，陈林，杨七，白锌，赵方亮. 用区间直觉模糊集方法对属性权重未知的群求解其多属性决策 [J]. 控制理论与应用，2014，31（8）：36-44.

[104] 陈志旺，杨七，白锌，王小飞，李国强. 基于灰色关联求解权重未知的区间直觉模糊集多属性群决策 [J]. 模糊系统与数学，2015，29（6）：68-79.

[105] 戴建华，李军，申文明，蔡恒新. 模糊判断矩阵的满意一致性检验 [J]. 系统工程与电子技术，2006（8）：64-67+133.

[106] 丁俭，王华，赵敏. 一种简明的群体决策 AHP 模型及新的标度方法 [J]. 管理工程学报，2000（1）：3+21-23.

[107] 范柏乃，金洁. 公共服务供给对公共服务感知绩效的影响机理——政府形象的中介作用与公众参与的调节效应 [J]. 管理世界，2016（10）：55-66+192-193.

[108] 甘晓龙. 基于利益相关者理论的基础设施项目可持续建设方案决策模型研究 [D]. 重庆大学博士学位论文，2014.

[109] 高岩，周德群，刘晨琛，章玲. 基于关联的三角直觉模糊数集成算子及其应用 [J]. 系统工程理论与实践，2012（9）：1964-1972.

[110] 耿帅. 基于群决策理论的非经营性政府投资项目决策模型研究 [D]. 华北电力大学博士学位论文，2015.

[111] 桂萍. 重大行政决策之公众参与制度研究 [D]. 苏州大学博士学位论文，2016.

[112] 何寿奎. 基于管理效率的公私合作项目伙伴选择与激励机制 [J]. 数学的实践与认识，2010，40（8）：3-9.

[113] 胡立辉. 基于偏好一致性的群体聚类算法 [J]. 计算机工程与应用，2007（22）：83-86.

[114] 花拥军，陈讯，张建. 公共工程社会评价指标体系研究 [J]. 经济论坛，2004（5）：16-17.

[115] 黄森慰，唐丹，郑逸芳. 农村环境污染治理中的公众参与研究 [J]. 中国行政管理，2017（3）：57-62.

[116] 姬亚平. 行政决策程序中的公众参与研究 [J]. 浙江学刊，2012（3）：165-172.

[117] 江国华，梅扬. 重大行政决策公众参与制度的构建和完善——基于文本考察与个案分析的视角 [J]. 学习与实践，2017（1）：72-80.

[118] 江永清. 新阶段政府、市场与社会关系模式的修正——以地方政府

PX 项目引发的公共事件为例［J］. 中国行政管理, 2015（2）：45-50.

［119］卡罗尔·佩特曼. 参与和民主理论［M］. 上海：上海世纪出版集团, 2006.

［120］兰苑, 陈艳珍. 文化产业与旅游产业融合的机制与路径——以山西省文化旅游业发展为例［J］. 经济问题, 2014（9）：132-135.

［121］李晶. 论公众参与公共决策的制约因素及对策设计［J］. 江苏省社会主义学院学报, 2006（5）：47-49.

［122］李树苗, 宋瑞霞. 风险社会背景下性别失衡治理的公众参与——基于湖北省的调查［J］. 人口研究, 2022, 46（4）：86-100.

［123］李晓冰, 徐扬. 基于直觉模糊推理的多属性群决策方法研究［J］. 计算机应用研究, 2012, 29（2）：139-141+147.

［124］李娅, 邓鑫洋, 邓勇. 一种新的区间直觉模糊集决策方法：区间证据组合的角度［J］. 控制与决策, 2014, 29（6）：186-190.

［125］理查德·B. 斯图尔特. 美国行政法的重构［M］. 北京：商务印书馆, 2011.

［126］梁竹, 毛佩佩. PPP 特许经营者评价指标的选择［J］. 经营与管理, 2014（10）：64-67.

［127］林杨, 王应明, 陈圣群. 一种考虑区间直觉模糊集的多属性匹配决策方法［J］. 信息与控制, 2016, 45（2）：84-86.

［128］罗智敏. 意大利托斯卡纳大区《公众参与法》及启示［J］. 中国行政管理, 2014（5）：117-121.

［129］刘锐, 卢松, 邓辉. 城郊型乡村旅游地游客感知形象与行为意向关系研究——以合肥大圩镇为例［J］. 中国农业资源与区划, 2018, 3（39）：225-235.

［130］卢少华. 动态联盟合作伙伴的选择过程与方法［J］. 系统工程理论方法引用, 2003（2）：8-11.

［131］陆和建, 赵瑾. 2008-2018 年我国社会力量参与公共图书馆管理研究综述［J］. 图书情报工作, 2020, 64（4）：148-154.

［132］吕富媛. 城市公共服务战略协作机制应强调公众参与［J］. 中国行政管理, 2012（12）：123.

［133］骆梅英, 赵高旭. 公众参与在行政决策生成中的角色重考［J］. 行政法学研究, 2016（1）：36-47.

［134］骆正清. AHP 中不一致性判断矩阵调整的新方法［J］. 系统工程理论与实践, 2004, 24（6）：85-93.

［135］马维野.一种检验判断矩阵次序一致性的实用方法［J］.系统工程理论与实践,1996,16（11）：104-106.

［136］孟俊娜,薛斌,刘炳胜,房宁.基于区间直觉模糊集的工程项目评标决策研究［J］.模糊系统与数学,2015,29（2）：169-177.

［137］南江霞,李登峰,张茂军.直觉模糊多属性决策的 TOPSIS 法［J］.运筹与管理,2008,17（3）：38-41.

［138］裴植,鲁建厦,郑力.广义区间值直觉模糊数及其在工位评估中的应用［J］.系统工程理论与实践,2012（10）：90-98.

［139］齐二石.公共绩效管理与方法［M］.天津：天津大学出版社,2007.

［140］齐中英,朱彬.公共项目管理与评估［M］.北京：科学出版社,2004.

［141］冉连,张曦,张海霞.政府数据开放中的公众参与行为：生成机理与促进策略［J］.现代情报,2022,42（2）：145-153.

［142］陕振沛,张转周,宁宝权.基于直觉模糊集 TOPSIS 决策方法的应急预案综合评价研究［J］.数学的实践与认识,2016,46（3）：162-168.

［143］沈梦璇.论重大行政决策公众参与制度的完善［D］.南昌大学硕士学位论文,2022.

［144］史丹.绿色发展与全球工业化的新阶段：中国的进展与比较［J］.中国工业经济,2018（10）：7-20.

［145］斯蒂芬·罗宾斯,蒂莫西·贾奇.组织行为学［M］.北京：中国人民大学出版社,2008.

［146］宋波,徐飞.基于多目标群决策迭代算法的 PPP 项目合作伙伴选择［J］.系统管理学报,2011,26（6）：53-58.

［147］覃正,卢秉恒.灵捷制造的集成决策［J］.中国机械工程,1997（6）：12-14+119.

［148］谭春桥,贾媛.基于证据理论和前景理论的犹豫—直觉模糊语言多准则决策方法［J］.控制与决策,2017,32（2）：144-150.

［149］完颜邓邓,王文斐.公众参与公共数字文化建设的实践探索与推进策略［J］.国家图书馆学刊,2020,29（3）：94-103.

［150］万慕晨,欧亮.我国省级公共图书馆利用捐赠文献的实践调查与分析［J］.图书馆理论与实践,2018,226（8）：71-76.

［151］万树平,董九英.多属性群决策的直觉梯形模糊数法［J］.控制与决策,2010,25（5）：135-138.

［152］万树平.基于分式规划的区间梯形直觉模糊数多属性决策方法［J］.

控制与决策，2012，27（3）：138-141+146.

[153] 汪浩，马达. 层次分析法标度评价与新标度方法［J］. 系统工程理论与实践，1993（5）：24-26.

[154] 汪新凡，王坚强. 基于后悔理论的具有期望水平的直觉语言多准则决策方法［J］. 控制与决策，2016，31（9）：105-111.

[155] 汪新凡，周浪，朱远芳，贾翔. 基于后悔理论的概率犹豫模糊双边匹配决策方法［J］. 控制与决策，2022，37（9）：207-215.

[156] 王光军，王天然，于海斌. 动态联盟盟员选择的决策方法［J］. 计算机工程与应用，2001（19）：10-12+54.

[157] 王坚强，吴佳亭. 基于优序关系的犹豫模糊语言多准则决策方法［J］. 控制与决策，2015，30（5）：121-125.

[158] 王利民. 公众参与政府交通运输管理问题研究［D］. 吉林大学博士学位论文，2013.

[159] 王士如，郭倩. 政府决策中公众参与的制度思考［J］. 山西大学学报（哲学社会科学版），2010，33（5）：90-96.

[160] 王树文，文学娜，秦龙. 中国城市生活垃圾公众参与管理与政府管制互动模型构建［J］. 中国人口·资源与环境，2014，24（4）：144-150.

[161] 王谓秋，任贵州. 公共文化服务体系共建共享的社会动因与路径选择——基于文化治理的视角［J］. 图书馆理论与实践，2016（9）：67-71.

[162] 王锡锌. 参与式治理与根本政治制度的生活化——"一体多元"与国家微观民主的建设［J］. 法学杂志，2012，33（6）：102-106+112.

[163] 王锡锌. 政府信息公开制度十年：迈向治理导向的公开［J］. 中国行政管理，2018（5）：19-24.

[164] 王学军，王子琦. 公共项目绩效损失测度及治理：一个案例研究［J］. 中国行政管理，2019（1）：130-136.

[165] 王雅琴. 公众参与背景下的政府决策能力建设［J］. 中国行政管理，2014（9）：104-107.

[166] 王治莹，聂慧芳，杨学亮. 考虑公众感知价值的突发性抢购事件演化博弈分析［J］. 中国管理科学，2020，28（3）：71-79.

[167] 王中兴，黄帅，刘芳. 基于优化模型的双边匹配决策方法［J］. 数学的实践与认识，2014，44（24）：179-185.

[168] 魏翠萍. 一种检验判断矩阵次序一致性的方法［J］. 运筹学学报，2006，10（1）：120-126.

［169］吴冲，万翔宇. 基于改进熵权法的区间直觉模糊 TOPSIS 方法［J］.运筹与管理，2014，23（5）：46-51.

［170］吴建南，高小平. 行风评议：公众参与的政府绩效评价研究进展与未来框架［J］. 中国行政管理，2006（4）：24-27.

［171］吴宪华，张列平. 动态联盟伙伴选择的决策方法及其战略评估模型的建立［J］. 系统工程，1998，16（6）：40-45.

［172］吴祥明. 公共投资项目管理的实践和探索［J］. 上海交通大学学报，2002，22（8）：140-144.

［173］武小川. 论公众参与社会治理的法制化［D］. 武汉大学博士学位论文，2014.

［174］席建超，王首琨，张瑞英. 旅游乡村聚落"生产—生活—生态"空间重构与优化——河北野三坡旅游区苟各庄村的案例实证［J］. 自然资源学报，2016（3）：65-75.

［175］谢琳琳. 公共投资建设项目决策机制研究［D］. 重庆大学博士学位论文，2005.

［176］谢琳琳，杨宇. 政府投资建设项目决策中公众参与实证研究［J］. 建筑经济，2012（8）：36-40.

［177］徐选华，陈晓红. 基于矢量空间的群体聚类方法研究［J］. 系统工程与电子技术，2005，27（6）：84-87.

［178］徐选华，王敏赛，陈晓红. 偏好冲突优化的多属性多阶段大群体决策方法［J］. 系统工程学报，2014，29（1）：50-57.

［179］徐选华，吴慧迪. 基于改进云模型的语言偏好信息多属性大群体决策方法［J］. 管理工程学报，2018（1）：122-130.

［180］徐泽水，陈剑. 一种基于区间直觉判断矩阵的群决策方法［J］. 系统工程理论与实践，2007（4）：128-135.

［181］徐泽水. 模糊互补判断矩阵的排序方法研究［J］. 系统工程与电子技术，2002（11）：74-76.

［182］徐泽水. 区间直觉模糊信息的集成方法及其在决策中的应用［J］. 控制与决策，2007，22（2）：97-101.

［183］许永平，王维平，杨峰. 基于多粒度多语义语言判断矩阵的群决策方法［J］. 国防科技大学学报，2010，32（5）：177-182.

［184］薛澜，董秀海. 基于委托代理模型的环境治理公众参与研究［J］. 中国人口·资源与环境，2010（10）：52-58.

［185］杨宝. 社团卷入如何影响公众参与？——基于"文化—制度"框架的实证分析［J］. 社会科学辑刊，2022（2）：41-51.

［186］杨宇. 网络世界的合作治理：服务型政府的选择［J］. 公共管理学报，2013（1）：107-116+143.

［187］杨宇，徐文娟. 公众参与公共投资建设项目决策综合集成研讨厅体系的初步研究［J］. 建筑经济，2010（12）：92-96.

［188］杨宇，余波. 公共投资建设项目决策中公众参与方式研究［J］. 科技进步与对策，2010（19）：122-125.

［189］俞可平. 改革开放30年政府创新的若干经验教训［J］. 国家行政学院学报，2008，54（3）：21-23.

［190］岳立柱，马卫民，郭永升. 求解模糊排队性状指标隶属函数的通用方法［J］. 系统工程理论与实践，2014（4）：111-121.

［191］曾莉，李佳源，李民政. 公共服务绩效评价中公众参与的效度研究——来自Z市基层警察服务的实证分析［J］. 管理评论，2015，27（3）：85-97+106.

［192］詹泽雄，吴宗法. 基于前景理论的公共项目公众参与决策方法［J］. 技术经济，2015（11）：72-79+87.

［193］张恩瑜，王珏，张奇，郑永和，汪寿阳. 国家自然科学基金资助项目综合评价：基于Vague集多准则决策［J］. 管理科学学报，2015，18（2）：80-88.

［194］张慧，刘永强，马天儒. 基于熵组合权重的水利工程合作伙伴选择研究［J］. 人民长江，2015，46（24）：67-71.

［195］张世涛，刘小弟，朱建军，王治莹. 考虑个体累积共识贡献的犹豫模糊语言自适应共识模型［J］. 控制与决策，2021，36（1）：190-198.

［196］张廷君. 城市公共服务政务平台公众参与行为及效果——基于福州市便民呼叫中心案例的研究［J］. 公共管理学报，2015（2）：26-34+159.

［197］张晓，岳盈盈. 打通立法与民意之间最后一公里——关于破解地方立法公众有序参与困局的实证研究［J］. 中国行政管理，2017（2）：24-30.

［198］张云. 基于残缺偏好关系的群决策方法研究［D］. 国防科学技术大学博士学位论文，2014.

［199］赵杨东. 交通基础设施建设项目中政府与国有企业PPP合作模式研究［D］. 长安大学博士学位论文，2016.

［200］珍妮特·V·登哈特，罗伯特·B·登哈特. 新公共服务：服务，而不是掌舵［M］. 北京：中国人民大学出版社，2014.

［201］郑石明，彭芮，徐放．公共环境项目如何落地生根？［J］．公共管理学报，2019，16（2）：125-135+179-180.

［202］朱建军，王梦光，刘士新．AHP 判断矩阵一致性改进的若干问题研究［J］．系统工程理论与实践，2007（1）：20-24.

后 记

行文至此，本书想表达的思想和方法已经阐述完毕。此书是各位作者近年来一些学术上的积累和思考，反映出撰稿人员对该研究方向的热爱。书稿即将付梓之际，不禁想到我的导师陈通先生，本书的研究对象是在师从陈老师进行博士学位攻读时候确定的。入陈老师门下，实乃人生一大幸事，同时遇到师门中各位师兄、师姐、师弟、师妹，更是让求学之路多了很多色彩。陈老师治学严谨，品行高尚，不仅教授了我专业学习的理论和方法，还在做人品德和修养上给予我引导，此处再次感谢恩师的知遇之恩、教导之恩。此书的撰写过程中，各位参与人员进行了多次组会讨论，在章节逻辑、内容表达、方法解释等方面做了较为深入的分析，故而也向参与撰稿同行表示诚挚的谢意。

人们往往感慨时光飞逝如白驹过隙，而我亦如此。在诸位师长前辈的指导之下，晚辈的学术科研展现出不一样的色彩，如同一次朝圣，路途虽漫漫，但一路芬芳。群体决策问题本身较为复杂，研究手段涉及较多领域，如何在模糊大群体决策领域做进一步地探索，也是未来本人的研究重点之一。

本书历经多次修改，但是由于笔者水平有限，仍难免有许多不尽如人意之处，在这里恳请广大感兴趣的读者批评指正，我们会积极听取读者的意见，努力使本书臻于完善。

本书参与编写的人员分工如下：

人员	参与编写章节
尤欣赏	参与编写第1章、第2章、第4章、第5章、第6章、第8章
赵烁	参与编写第1章、第3章、第7章、第8章
王亚坤	参与编写第1章、第2章、第3章、第8章
汪勇杰	参与编写第1章、第6章、第7章

本书在初稿完成后，孔慧珍教授、杨彦波副教授对稿件章节逻辑、算法分析、文字语言等都给出了重要的意见和建议。编写和修订得到了经济管理出版社编辑的精心审阅和大力支持。在此一并向为本书出版作出贡献的专家学者表达谢

意！尽管我们致力于圆满，但限于水平和时间，难免有不足之处，恳请同仁和读者指正，以求本书的不断改进和提高。

尤欣赏

2022 年 5 月 16 日